わたしをひらくしごと

取材・文　野村美丘
写真　藤田二朗

anonima st.

はじめに

自身を振り返ると、社会人になろうというとき、既存の組織に所属して、そこの一員として働くという以外に未来の自分を想像できませんでした。もちろんそれも働き方のひとつです。でも、他にも選択肢がたくさんあるなんて、そのころは知らなかった。自分で自分の仕事がつくり出せるなんて、考えてもみなかったのです。

なのに、気づけば。身のまわりの同年代には、他でもない、その人でなければできない仕事をしている人がたくさんいました。職種の範疇からはみ出ている人や、活動をひとことで説明できない人や。いわば、その人自身が、その人の肩書きなのです。仕事と人生が、分かちがたく混ざり合い、溶け合っている。

「働いて生きること」は、人の数だけ、物語があります。この世の中ではいろんな場所で、いろんな人が、いろいろに生きている。そうか、どうやって働き、どうやって生きるかは、限りなく自由なんだ！　全部がそれぞれ違うなんて当たり前のことなのに、まるで大発見のよう。良い悪いではなく、ただ、いろんな人のいろんな世界観があるということ。そして、そういうものの集成で社会ができているということ。

これは、いままで私が出会った「自分が肩書き」の人たちに、彼らがどのようにしてそうなったのか教えてもらうインタビューです。きっと言葉の端々、行為の折々に染み出しているはずの、その人がその人たる所以を知ることができる楽しみ。そしてこの取材をとおして、私自身もまた数多ある物語の一片となるのかもしれないと気づけたのも、嬉しいおまけです。

目次

＊本書は、アノニマ・スタジオWEBサイトでの連載『わたしをひらくしごと』（2017年9月〜2018年11月）に、加筆・修正して、再構成したものです。

カバーイラスト：峯崎ノリテル
デザイン：峯崎ノリテル　正能幸介（(STUDIO)）
WEB担当：小島奈菜子（アノニマ・スタジオ）
編集：浅井文子（アノニマ・スタジオ）

流れに身をまかせながらも、おもしろそうな予感があるほうへ

ハナミドリ　上田 翠さん

大都会のコンクリートジャングルの谷間に対照的な
蔦にびっしり覆われた一軒家。
ただならぬ佇まいがどうにも気になってしまう人は
きっと少なくないと思う。
その花屋を営む彼女は、明るくよく笑う人だった。

名前
上田翠

仕事
花屋

この仕事を始めたきっかけ
"みわちゃん"の
誕生日プレゼント

うえだ・みどり

1977年、東京都出身。蔦に覆われた東京・西新宿の物件にひと目惚れしたがために独立を決意、「ハナミドリ」店主となる。西荻窪の「枝屋」とともに「ハナと枝」を結成。花を束ねたり、枝を活けたり、土に触れたり、木に登ったり、実を摘んだり、藁を編んだり、落ち葉を踏みしめたり、種を蒔いたりして、植物と戯れる日々を送っている。
www.hanamidori2010.com
hanatoeda.com

立方体はどうでもいい

——どうして花屋になったのかをたどるために、美術大学へ進学した理由あたりから伺えれば。

なんというか、行き当たりばったりで。英語が話せるようになりたくて、高校生のとき英会話学校に通ってたんです。高いお金を払って……って、うちの親がだけど(笑)。同じクラスに多摩美術大学の学生がいて、学校が超おもしろいっていうんですね。それで関心をもったのがきっかけ。べつに美術に興味があったわけではなかったんです。

大学は外国語学部を受けようと思ってたんだけど、そんなわけで急に美大がおもしろそうだってなって。でも、そのときすでに高校3年生で、絵心があるわけでもないし、いまからデッサンや立体構成の訓練をしても間に合わないというので、実技の代わりに小論文で受験できる学科のあった東京造形大学に入ろうと。

造形大は入試日が早くて、他に受験した普通大学の入試

日が、造形大の合格発表の日でした。私は試験中だから、親に発表を見にいってもらうことになって。当時は携帯電話がなかったから、合格してたら「1」、不合格だったら「2」って入れてって頼んだんです。

――ああ、懐かしのポケベル（笑）！

お母さんだから、文章とか送れないからさ。そしたら試験中にピコンと音がして、見たら「1111111111」って、超いっぱい入ってて（笑）。受かったんだー！と思って、それからテストは上の空。たぶん白紙とかで提出したと思います。

それで、CG専攻の科に入学できたんだけど、小論文で入れるから選んだだけで、CGに興味があったわけではなく、まったくちんぷんかんぷん。当時、Macが発売されたばかりのころで、立方体を動かすプログラミングの授業を受けて……この四角い箱が垂直移動しようが回転しようが……どうでもいい、と思っちゃった（笑）。だから、最初の1年で学校にはあんまり行かなくなっちゃいましたよね。それでも友だちができて、とりあえず学校へ行けば楽しく過ごせるようになったんだけど。でもバイトばっかりしてました。ははは！

〝みわちゃん〟の誕生日プレゼント

でも、テキスタイルの授業はおもしろくて、わりと真面目にやりました。ああいう手を動かす作業は好きだったから。学生のときもう少し勉強しておけばってみんな思うことだろうけれど、私も美術史や色彩学をもっとちゃんと学んでおけば、いまの仕事に結びついたかもしれないと思います。

――大学を卒業したあとは？

何もしてない（笑）。就職も就活もしたことがないんです。大学に行って遊びほうけているうちに4年が過ぎて、卒業してもそのまま同じバイトを続けていました。

あのね、キャバクラみたいなところでバイトしてたんです。友だちに誘われたので行ってみたら水商売で、えー！ってびっくりしたんだけど、給料がかなりよくて。当時で時給2000円くらいはもらっていたんじゃないかなあ。いわゆるキャバクラのお姉ちゃんって感じで、短いスカート履いて、ビラ配りながら「いらっしゃいませー！」って。

どうして花屋さんになったんですかって取材なんかで訊かれると、このあたりの話から始めるんだけど、まあ全部、はしょられる（笑）。

——謎の自主規制。

それで味をしめて、バイト先を変えても、また水商売。今度はフィリピン人、チリ人、韓国人、中国人など、いろんな国の人がいるおもしろいお店で。動物園っていわれてて、色気っていうよりはとにかく大騒ぎみたいな（笑）。そこでは結局、5年くらい働きました。

それで、そういうお店だと、自分の誕生日のときにはお客さんを呼ぶんですよ。指名とかも一応あるから。そのときに、お客さんがプレゼントに花束を持ってきてくれるわけです。

——やっと花が出てきました（笑）。

みわちゃん……あ、みわちゃんって当時の源氏名なんだけど（笑）、「みわちゃん誕生日おめでとう」ってカードがついたお花をもらうわけ。普段、そんな機会なんてなかなかないけれど、一度にたくさんの花束をもらうと、これはかわいいなとか、こっちはダサいなとか、仏さん用かい！とか（笑）、いろいろある。へえ、おもしろいもんだな、花屋ってなんだかおもしろそうだなって、そこで初めて花に興味をもったんです。

それで花屋の働き口を探すようになって、未経験者でもOKのところに雇ってもらいました。といってもバイトだし、大学を卒業してから2年くらい経っていたし。だから英会話も美術大学も関係ないの、しょうもないでしょ～。

毎日がお葬式

その店は冠婚葬祭の花も請け負っていて、小売、ブライダル、お葬式と各部署に分かれていました。私は最初は配達ばかりやってたんだけど、途中で葬式の部署に異動になって。そこが楽しくてね。毎日お葬式！

――お葬式が楽しくて！っていうのはちょっと語弊がありますけども（笑）。

うん、人が死んで儲かる商売だからね。でもね、よくテレビで見るような芸能人のお葬式を想像してもらうとわかりやすいと思うけど、大きな花祭壇をみんなでワイワイとつくるわけ。学校みたいでなんだか楽しかったんです。トラックで現場に行って、花を降ろして、名前の札を立てて、飾りつけして、それを次の日撤収して……毎日が、その繰り返し。故人が好きだったものを祭壇に反映するために、幅7〜8メートル、高さ3メートルくらいの足場を組んで、たとえば富士山なんかを表現したり

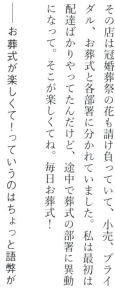

するんです。みんなでああでもない、こうでもない、と仕上がりにこだわって徹夜でつくったりしていました。お花も、ひと晩中暖房の効いた部屋に飾っておいてもしおれない花を選んだり、当日にいちばんいい状態でなければならないから蕾を1週間かけて咲かせたり。手間もかかるし場所も必要で、どこでもできることではないので、すごくいい経験をさせてもらいましたね。

そんなわけでとても楽しくやっていたから、辞めるつもりは全然なかったんだけど……この物件を見つけてしまったので。

――自分で店をやることになった。

物件を見るのが趣味なんです。不動産屋のサイトでいろんな物件を見て、こんな家に住みたいなーとか妄想するのが好きで。あるときこの物件を見つけて、何ここ、超おもしろそう!って、すぐ問い合わせをしたんですよ。で、内見をして即決。

――なんというか……勢いのある行き当たりばったり、ですね。

ほんと、全部そうなの!

そのとき、花屋だったから

――界隈に何かつながりがあるわけでもなければ、自分で店をやりたいと思っていたわけでもなかったのに、物件にひと目惚れしてしまったなりゆきで店をもつことになったんですね。

ここで何かをしたらおもしろそうだと思ったんです。そのときやっていた仕事が花屋だったから、花屋しかないかなって。フラワーデザインの国家技能検定もあるにはあるものの、花屋ってべつになんの資格もなくできるんですよね。極端にいえば、来てくれた人に花を売れば商売としては成り立つので、なんとかできるかなって。

――なんというポジティブさ。しかも同時期に、旦那さんは旦那さんで、ご自身の自転車店をオープンされたんですよね？

そうなんです。結婚して7～8年経ったころですが、旦那はそれまで勤めていた会社を退職して独立することがもう決まっていて、店舗物件をずっと探していました。そんなときに私がここを見つけてしまい、「私も店をやろうと思うんだけど」って。旦那もゼロからのスタートで、その時点では稼ぎがないわけで。私は当時、社員として働いていたから、曲がりなりにも安定した収入があったのに「私も無職になって独立します」と(笑)。ひどいね～、いま考えると。

――夫婦が同時に別々に店を出すって、なかなか珍しいケースですよね。

何も考えてなかったんですね。旦那だって、自分が独立するのに私にダメとは言えないだろうから。いきなりフリー、どっちも稼ぎなし！

――それが2010年のことですね。やっと話が開店までできましたが、ここまでいいエピソードがあったのか、なかったのか、よくわかりません(笑)。ところで、「ハナミドリ」という屋号の由来は？

独立する前、大学時代の友だちと、母の日のギフトをオリジナルでつくって売ったりしていたんですよ。私はお花を、ケータリングの仕事をしていた子はお菓子を、デザイナーの子はプロダクトをっていう感じで。私以外の子はすでに屋号をもっていたので、翠もなんかつくれば？って。「花屋で名前が翠なんだから、〝ハナミドリ〟でいいんじゃん」って友だちに言われて、じゃあそれでって。これまた適当、行き当たりばったりで流れに身を任せている……。

——それでも、個人で店を長く続けるのは簡単なことではありませんよね。

最初は、昔の同僚の紹介で生け込みの仕事をまわしてもらったり、友だちがお得意さんに贈る花を注文してくれたり、ライターの友だちが雑誌に載せてくれたり。そういうありがたいことが続いて、今日までやってこられたんです。

ご注文はお早めに

——アレンジメントやリースにはすごくハナミドリらしさがありますが、テーマやルールといったものは何かあるのでしょうか？

うーん、正直、かわいいと思った花を仕入れてつくって

るだけで、あんまりこだわりとかはないんですけどね。

――たとえばアレンジメントをつくるときに、お客さんとはどういうやりとりをするんでしょう？

なるべく情報は聞き出そうとします。たとえばヒマワリの花束が欲しいと言われても、男の人に贈るのか、女の人に贈るのか、どんな場面で渡すのか。見映えがするのがいいのか、持ち運びしやすいのがいいのか。たとえお任せでって言われたとしても、完全なるお任せでは絶対ないと思うんですよね。なので、なるべくその人の雰囲気に合ったものを考えます。

――じゃあ、セオリーみたいなのはそんなにないということですね。こうきたらこれ、みたいなパターン化はあまりできない。そのときどきで、手元にある花も変わりますもんね。

そうそう。だから、みなさんお花を頼んでくるのがほんとギリギリなんだけど、できるだけ早く注文してほしい（笑）！　え、今日の今日ですか!?っていうお客さんもいっぱいいるけど、直前だと店に在庫がある花でしかつくれないでしょう。予算と方向性をあらかじめ教えておいてくれれば、そのために仕入れにも行けますから。花屋に行けば花はあるもんだってみんな思ってると思うけど、うちは大きい店ではないから、そんなにいろいろ取り揃えられているわけでもないんですよー。

――でもその現場対応力が、もしかしたらハナミドリっぽさをつくってるのかもしれません。

仕事版の配偶者？

――西荻窪の「枝屋」と一緒に展開している「ハナと枝」についても教えてください。そもそも「枝屋」の細沼浩さんとはどうやって知り合ったんですか？

同じ市場に出入りしていて、顔は知ってたんですよね。

彼の仕入れているものを見て、おもしろいの買ってるなとか、趣味が似てるなとか思ってはいて。そのうえ、伐採した木で満載になった汚いクルマで仕入れに来ていたりして、何やってるんだろう?って。訊いたら、庭木のメンテナンスや植え込みもやってるっていうから、普通の花屋とは違う、おもしろいスタイルでやってるんだなあって。うちもお客さんに庭を頼まれたりすることがあるから、そんなときにはお願いするようになりました。

それで、興味のあることがけっこう近かったりして、なんか一緒にできたらおもしろいよねって話をしてたのかな? で、私は毎日5~6社の物件サイトをチェックするっていうのを相変わらず趣味としてやってて、そしたらいいのを見つけちゃった。

——「ハナと枝」のアトリエにしている一軒家ですね。レッスンやワークショップなど、お互いの店舗ではできないことができるようになった。

折半したらお小遣いでなんとか借りられるくらいの家賃なうえに、なんと庭つき! ここ、おもしろそうだよって見にいって。それでなんかやろうってなったの。

——「ハナと枝」も、これまた物件きっかけで誕生したのですね。どこかに拠点をつくってふたりで活動しようっていう相談は以前からしていたんですか?

……忘れちゃった(笑)。でもたぶん、もっと緑が置けるスペースがあったらいいよねとか、そういう夢みたいなことをしゃべってたのを、ここならできるんじゃない?って私が具体的にもってきちゃったから、始まっちゃったんだろうな。

じつはいま「ハナと枝」を会社にしようとしていて、税理士さんに相談してるんです。でも「ハナミドリ」と「枝屋」と「ハナと枝」で、拠点が3つもあるのにスタッフは3人しかいないっていう。

私、自分ひとりでやるにはけっこう手一杯で、かといって人材育成にはあんまり興味がなくて。店を大きくしたい気持ちもそんなにないんですよね。だから、同じようなテンション、同じようなポジションで仕事ができる、パートナーのような存在がいたらいいなって。浩くんとだったら楽しく仕事できるしね。

——もちつもたれつで、サポートし合える同業者がいるのは頼もしいですよね。

ひとりでやっていると、日々のことにただ追われてしまうというか。朝起きて、仕入れに行くでしょう。帰ってきて、水あげして、店の花の水を換えて、注文の花をつくって、メールの返信をして、日が暮れて。その間、店はグチャグチャなままなんで、うわあ、片づけなきゃって片づけてる最中に、お腹すいて帰っちゃう（笑）。で、次の日の店はまあきれいなんだけど、また仕入れに行っ

てグチャグチャになって……の繰り返しだから。日々の仕事がまわっているのはいいけれど、新しいことを考える余裕がなくて。私、何かおもしろいことできないかなって構想を練るのが好きなんです。で、浩くんは、こんなことやあんなことができたら楽しいなって話せる相手なんですよね。何か思いついてもひとりだと、明日注文あるしな……ってなかなかできないけど、ふたりなら、じゃあいまサッと一緒にやっちゃうかってノリででき たりするし。だから浩くんと一緒に仕事するようになってからは、それ以前のただバタバタしていたときより、プラスアルファの楽しい仕事ができている……って、そういうことか！　よし、浩くんに伝えよう(笑)。

――喧嘩することはありますか？

めちゃめちゃしますね。でもまあ大人になると、当たり障りなくって感じで喧嘩するような相手もなかなかいないから、それはそれでいいのかな。って、向こうはどう思ってるか知らないけど(笑)。他人同士だし、言わないでもわかり合えるってわけでもないから、きちんと言うところは言っておこうと。それにしても、この歳でそんな気が合う友だちができるのも、なかなかないことだなって思います。

どこかの誰かの、いい言葉

――日常の業務で、楽しいと感じる瞬間はありますか？

水換えが終わって、花がきれいに店に並んだとき。わあ、きれいな花入ったなあ！って眺めて自己満足してるときですね。だって、そのあとすぐグチャグチャになっていくから(笑)。

――花屋ってイメージはきれいだけど、現場はけっしてそんなことないですもんね。

よくよく考えてみると、自分が小さいときに母の日なんかに買いにいってた花屋も、新聞で巻いた花がそのへんに転がってたりとかして、そこそこグチャグチャだったよなーって。花屋がそんなに美しいものではないんだっていうのは、自分でやってみてよくわかりましたね。勤めてたときは店に5〜6人いて、接客する人、配達する人、仕入れに行く人、それぞれ担当がいたのできれいだったけれど。いまはそれらをすべてひとりでやっているから。でもスタッフを入れられない性格だから、しょうがない。

――仕事するうえでのテーマや心がけていることなどはありますか？

こないだネットで見かけたんだけど、銀座のどこかの店のママの言葉で「死ぬこと以外はかすり傷」って。それにひどく共感しちゃった。すごい懐が深い言葉でしょ。楽しくできればいいですよね。べつにやらされてるわけじゃなくて自分で選んだ仕事だから、楽しくやっていかなきゃ意味がない。まあ楽しいばかりではないけど、でもそれを選んでるのも自分だし。たまに嫌なお客さんも

いるけど、仕入れに行くたびにかわいいお花を見つけたりとか、絶対ちょっとは楽しいことが日々あるから。店にずっとこもってるわけじゃなくて、足を運んでいろんなものを見にいって、ちょっとした変化があるから、楽しくできている。

だけど、ずいぶん長い時間働いてるよなっていつも思う。朝の4時に起きて、夜の8~9時まで仕事して。もうちょっと短時間になって、もうちょっと余裕ができたらいいな、くらいは思ってるけど。

——ほんとに花が好きなんですね。

新しい友だちとか趣味ができたような感じで、あとからおもしろいと思うようになったんですけどね。自分は何かをゼロからつくり出すことは得意ではないけれど、もともときれいな素材を組み合わせたりするのは好き。すでにあるこの場所でこんなことしたらどうかなって想像しながら物件を見るのが好きなのも、たぶん同じこと。だからそういう素材として、私にとって花はすごくいいんだと思います。生まれ変わったらまた花屋になるかといったら、それはちょっとわからないけど！

上田翠さんの“仕事の相棒”

浩とクルマと休み

「え、園芸バサミじゃないのかって？　ええっとね、ハサミはもちろんよく切れるに越したことはないんですけど、現場に持っていくのを忘れてしまうこともよくあるので。代用が利かないという意味で、もはや浩くんがいないと仕事にならないし、クルマがないことには仕入れにも現場にも行けないし、仕事するためには休みもどうしたって不可欠。この3つがないと絶対無理！ですね」

自分の居心地いい場所で、日々、腕に磨きをかける

鮎藤革包堂

鮎澤 剛さん

少し歳上のその人は、私がまだ学生で自分の将来なんて想像すらしてないときからすでに革ひとすじだった。

それから、自分の店をもって、それがもう10年も経つなんて。

店の柱時計のチクタク音が、その時の流れと彼の粛々とした作業をも、象徴しているよう。

名前

鮎澤 剛

仕事

革を使ったカバンなどの制作

この仕事を始めたきっかけ

ハイソフト

あゆさわ・つよし

1971年、長野県出身。カバンをつくりたいという想いだけを抱えて上京し、カバン店のアルバイトからスタート。武者修行を経て、2006年、東京・神楽坂に「鮎藤革包堂」をオープン。革好きが高じて職人になるも、じつは他にも理由があったと今回のインタビューで初告白した。2015年、東京都優秀技能者知事賞受賞。

www.ayufujikakuhoudo.com

記憶のなかの理想

――革という素材には、もともと興味をもっていたんですか？

子どものころ、野球のグローブが好きだったんですよ。革のキュッキュッという音や独特のにおい、磨くと艶が出たりして、いいものだなって思ってた。

――野球部だった？

いや（笑）。兄が野球をやってたんだけどね。

――双子の弟さんだけではなくて、お兄さんもいるんですね！

兄と姉がいます。上のふたりが出来がいいこともあって、僕たち双子はああしなさい、こうしなさいと親に言われずに育ったんです。父は公務員だったんだけれど、そういう影響は受けずに……って、なんだか真面目な話だけど、平気？

――ぜひそうしてください（笑）。

母親が家で和裁の仕事をしていてね。裁ち台があって、正座して着物を仕立てるんですけど。僕が小学校から帰ってくると、AMラジオかなんかが小さな音でかかってて、ピンと張り詰めた静かな空気のなかで母が作業してるわけ。僕はその近くでゴロゴロしたり、漫画読んだり。その部屋のなかの完成された世界が好きだったのかもしれない。革もそうですけど、裁ち損じが許されないでしょ？　そういう緊張感のなかで、ものをつくって納める。こういう仕事があるんだなと子ども心に思ったんですね。

この仕事をするようになったきっかけは、じつは他にもあって。昔、キャラメルの「ハイソフト」に、小さいカードが入ってたでしょ。

――あった、あった！

あれに、ヨーロッパの街の写真があって。ウィンドウ越しの店内で職人が作業していて、奥には靴が並んでいて。僕は気がついたときには職人になりたいと思っていたけれど、その元のイメージには、あの写真があるんです。もう手元にはないから、記憶のなかでどんどん理想化されてるかもしれないんだけども、自分の店をあれに近づけたいと、いまも思ってる。いろいろな選択肢があるなかからこの仕事を選んでいるわけだけど、よし、職人になろう！とわざわざ思うというよりは、そういうのを卵のようにあったためていくものなんじゃないのかなあ、なんて思うんですよね。じつはこれ、いままで誰にも話したことなかったんだけど。革という素材もたしかに好きだけれど、あの一枚のカードがスタートかなと思う。

――まさかの原点ですね。森永製菓の人に教えてあげたいなあ。

でも、後日談があって。22歳ごろだったか、ハイソフトを食べながら裁断していたら、口からよだれというか、ハイソフトがヌメ革に垂れて、使いものにならなくなってしまった（笑）。後悔と反省しきりで、以降20年以上、自分で買って食べたことはないんです（笑）。

――ハイソフトに導かれてこの仕事をしているのに、その仕事をしていることでハイソフトを食べられなくなるとは。

人生、そんなものなのかもね（笑）。

どうやってつくるんだろう？

――革が気になったんですね。着物の生地ではなく。

ですねえ。小学校のころ背が低かったから、ランドセルが大きくて、それがすごく嫌だった。で、ようやく高校で自由にカバンを持てるようになると、市販のカバンを買ってきて、そこに絵を描いたりして。そのころ、スエードを買ってきて、きんちゃくみたいなのを自作してみたり。でも、やり方を知らないからうまく縫えない。で、どうつくるんだろう、と思ってるまま、カバンがつくりたくて上京してきたんですよ。

――まっすぐですねえ！

いや、じつは高校卒業後に地元で1回、就職したの。長野の諏訪は精密機械が盛んで、それ関連の就職先には事欠かなくて。でも、働きながらよくよく考えて、このまま諏訪で精密機械の仕事をするよりも、やりたいことをやったほうがいいんじゃないのかなって。やっぱり革で何かをつくりたいと思って、10ヶ月で辞めて、とりあえず上京して。たまたま下北沢をブラブラしてて、カバンを制作してる店を見つけて、アルバイトさせてもらうようになったんです。

――その店は、偶然見つけたんですか？

そう。で、そこにいた人たちと一緒に数年後、参宮橋にアトリエを構えて。注文をもらって、なんとかつくれるけど、技術がまだまだだから、もっとうまくつくりたいと思ったわけ。当時、センザンコウの革を持参したお客さんに、これでカバンをつくってほしいと言われて。一応はつくれたんだけど、牛革や鹿革とは全然違う。仕立て方がわかっていなかったんです。それできちんと勉強したいと思って、埼玉の草加に5年間、修業に出たわけです。

なんか、嫌だったんだよね。「できません」っていうのを「(うちでは)やってません」っていう言い方で断っちゃう感じっていうかさ。

――あるある。モテないだけなのに「いまは彼女いないんだよね」みたいな(笑)。それで、草加というのは、なぜに?

草加にある、ワニやオーストリッチ、爬虫類専門の製造メーカーの社長さんを紹介してもらって、お会いして。覚えたいんですって言ったら「すべて辞めて会社の近くに引っ越してくる覚悟があるなら教えてあげるよ」って。若かったしね、行ったんです。そしたら教わるっていうか、要は社員みたいな感じで普通に働かされるんだけども、職人まわりをするの。メーカーの仕事って、材料を裁断して裏打ちをして抜いたものを職人に届けるんだけど、ヘビ革が得意な人、ワニ革が得意な人と、それぞれにいる。彼らの仕事場に上がって、1時間とか2時間とか作業を見せてもらうわけです。なるほど、こういうことか、手取り足取り教わるわけじゃないんだな、と。で、ワニもオーストリッチも爬虫類も扱えるようになった。革小物も旅行カバンもつくれるようになった。それで10年前、自分の店を始めたんです。

――革ごとに特化した職人がいるなか、ひとりで牛から爬虫類まで扱えるのは、すごいということ?

東京都優秀技能者(東京マイスター)賞をもらったのは、そういう理由ですね。

――えー! じつはすごい人だったんですね(笑)!

マイスターの向上心

――最近はどんなオーダーを受けましたか?

シンガポール専用のパスポートケース。海外の空港で必要な書類のサイズがシンガポールだけ違うらしくて。あとは指揮棒ケースとか、バイクのサドルや車のシートとか。あれは大変だったんで、もうやらないと思うけど(笑)。数珠のケースをつくったときは、その数珠が象牙製だというので、内側は勝手に象革にしたり。許される範囲でそういう遊びは入れています。だいたいみなさん、笑ってくれますよ。

――バイクのサドルは革張りだけじゃなくて、アルミを曲げてサドル自体をつくったそうですね。器用ですねえ。

いや、僕、じつはすごく不器用なんです。弟はそのことをよく知ってるから、おまえよくやってるなあって言いますよ。たまに店に来ると「これ自分でつくってんの?」って(笑)。でもね、いま、僕の娘が卓球に凝っていて。ラケットを買ってやればいいんでしょうけど、木のうちわをラケット型に切って、両面にコルクを貼って、つくっちゃった。自宅は古い家で網戸がないので、木材と網を買ってきて手づくりしたり。泥酔して家の桟を壊したときには(笑)、接着剤でくっつけて、障子を

JUKI

張り直して。普段から手を使っているからか、なんでも自分の手でつくり出せるんじゃないかと思うようになりましたね。

——究極的にはそうですよね。もともと人間はすべての必要なものを自分の手でつくっていたはずだから。

うん。でも、自分の不器用さはずっと感じてはいて。いまも1週間に1回は「うまくつくれるようになりたい」って、声に出して言っているくらい。

——東京マイスターなのに（笑）？　もしかして、そこがモチベーションですか？

そう。それだけかもしれない。だって、儲けたいんだったらこういう仕事やらないよ。

命をいただいてする仕事

——グローブでも靴でもなく、カバンにしたのは？

最終的にカバンを選んだのは、自分がサイズで悩んだのがカバンだったからじゃないかな。

動物の皮を扱っていることに関しては、命をいただいていることを意識しますね。小さな端切れでも無駄にしないようにしています。

もともと牛や豚の革っていうのは、肉を食べたあとに残ったものを利用していたわけだけど、たとえばワニは革用に養殖しているんですよ。オーストリッチは、羽を衣装に使ったりするので育てていたのを、皮も利用するようになった。あとはエゾシカとか駆除の対象になっている動物の革もあります。

たとえばこれは南アフリカで駆除の対象となっているオットセイの革だし、こっちはジンバブエの象の革。ジンバブエでは象を国立公園で保護しているんだけど、保護していると頭数が増えてしまうでしょ。その象たちが木々を倒す。すると、その木に棲んでいる絶滅危惧種の鳥の行き場がなくなってしまう。なので頭数制限をして、革にして売って、その売上を国立公園の保護にあてる、というシステムになっているんです。そういう正規のルートで入ってきたものにはきちんとタグがついていて、番号が振ってあります。そうした革の背景っていうのは、やっぱり考えちゃいますね。

――でも、そういうことって最初は知らなかったのでは。少なくとも意識はしてなかったでしょう？

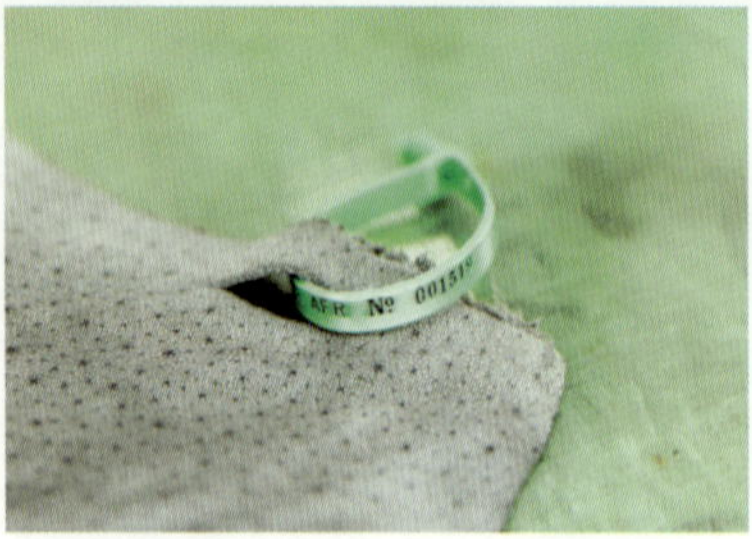

そうだね。ブローカーの人たちが持ってくる革ってたしかに安いんだけど、どこからきたものかわからないじゃない？　正規のルートで革を輸出入するのではなく、まず原産国が原皮を半なめしの状態で輸出して、中国でなめして半分製品の状態にしておいて、日本に輸入してタグをつけて、テレビの通販で「オーストリッチがこんなにお安く！」みたいなのを見ると、よくないんじゃないのかなあと思って。え、こんな話で大丈夫ですか（笑）？

――大丈夫、大丈夫（笑）。剛くんはなんでもかんでも扱うわけではなく、出処がはっきりした生地を使っているんですね。

いろんな人の、いろんな仕事

――自分の店を構える場所に神楽坂を選んだ理由は？

場所はどこでもよかったんですよ。でも、こもって作業するから、気分転換に出かけたときに自分がいいと思うところがよかった。神楽坂は小さなギャラリーなんかがいっぱいあって、打ってつけでした。最寄り駅の乗降客数とか、どれくらいの年収の人がどれくらい住んでてとかっていうのはまったく考えなくって、自分の居心地しか考えてなかったな。

――まずは自分が快適でいられることが大事ですよね。気持ちよく仕事するための環境があるからこそ、いい仕事ができるわけで。

そうそう。だって、うたた寝とかしちゃうしね。通りがかりの人がトントンってガラス叩いて起こしてくれたりするんだよ（笑）。

――土地柄、街の人たちとのつき合いも濃そうですね。

表通りはチェーンが多いですけど、一本入ると小さいお店がいっぱいあって。そういうお店の人たち同士のつながりはあって、おもしろいですね。
先日、近所の料亭に連れていってもらったときに、10年でようやく一人前になったねってご主人に言われて。うちのことはオープンのときから知ってくれていたみたいなんだけど、そのあと、ここに初めて来てくれて。他にも、お店に伺って店主とお話した後日、今度はうちに来てくださるなんてことも多くて、そういう街のつながりはたしかにありますね。悪いことできないね。

――泥酔は、あんまりしないほうがいいかも（笑）。

僕は話すのは得意じゃないからセールスマンをやるのは無理だけど、自分でつくって、自分でやってるかぎりはなんとかなる。お客さんも、僕のことを多少なりともわ

かってくれている人が多いので、その点も楽ですね。

——でもこの仕事って、より直接的に人と話さなくてはいけないのでは？

そうなんです。オーダーメイドなので、つくる作業よりも、お客さんが何を求めてるかを聞き取る、汲み取る力のほうが大事。だから、最初から友だちみたいになるっていうのかな。簡単に革の説明をしながら、最近どんな映画観ました？なんて話をしつつ、その人の好きな感じをつかんでいくんです。

メーカーに勤めていたころは、メーカー、問屋、外商、店員と、つくり手とお客さんの間に何人も介在していた。だから職人とお客さんのお互いの声が届かず、それが原因でクレームにつながることもあって。いまはそういうストレスはないし、手をかけたいだけかけられるから、つくり手としての欲求も満たされるんですね。

でも、人と話すのが苦手と言いながら、店をやってていちばんよかったことが、まさにそこで。普通なら会うこともないような大きい会社の社長さんなんかとも、ここで一対一で話して仲よくなって、ごはん食べにいったりとか。一職人の立場で、なかなかないじゃないですか。そういう偉い人たちって、人前で話すのが慣れているせいもあるのかもしれないけど、もれなくおもしろいし。

——ここでは肩書きは取っ払われて、ひとりの人間として対面するわけですもんね。しかもオーダーメイドとなると、趣味とかライフスタイルみたいなことも含めて話すことになるし。初対面のわりにはぐっと入り込みますよね。

こちらからはべつに訊かないので、最後に名刺をいただいたり、仲よくなったりしてから、どんな仕事をしている人なのかわかったりして。いろんな人がいますよねえ。いろんな仕事があるんですね。

——そうなんですよ。それがこの企画の核心なんです（笑）。

自分でやるから可能になること

――いま、オーダーはどんな状況ですか？

申し訳ないんだけれど、年単位でお待たせしてしまっています。お客さんには住所と名前だけ書いてもらって、制作に入れるようになったら手紙を書いて、あらためて来店していただいています。

――おお、手紙で！

だって、電話していいタイミングとか、よくわからないし。しかも、その人たちが何をオーダーしてくれるかは、その時点ではわからないんですよ。いつ制作に入れるかわからないのに、訊いても意味がないから。

――最初からそういうやり方をしている？

だんだん変わってきました。いちばんのきっかけは、ポシェットをオーダーされたお客さんがいたんですが、ずいぶんお待たせしていて。いよいよ制作に入れるというときに、その方が出産されて生活が変わっていたので、ポシェットではなくトートバッグが必要になったって言われて。だからあんまりお待たせしちゃいけないなとも思うんですけど……そこが悩みですかねえ。

――待ちくたびれて諦めてしまう人もいますか？

通りがかりで名前だけ残していった人で、やっぱりいいですっていう人も、なかにはいますね。でも、きちんと話したら、この人は待ってくれるなとか、なんとなくわかる。

——そうすると、こういうカバンが欲しいっていうことよりも、剛くんにつくってほしいという気持ちのほうが強いということかしら。

どうですかね、そうだと嬉しいんですけど。これは実感としてあるんだけど、いいものができたら、必ずまた来てくれる。1個頼んででき上がったらそれで終わりじゃないかって思うでしょ？　だけど、財布を頼んでくれた人が、財布に満足すれば、名刺入れを頼んでくれる。財布と名刺入れが揃うと、ペンケースを頼んでくれる。今度は、それらを入れるショルダーバッグを頼んでくれる。一定の数の人がそれをしてくれれば、注文は入り続けるわけで。ということは、その人にとって満足するものをつくればいいのかなと思う。でもそれは、自分でつくっているから言えること。ひとりだから納得するまでつくれて、満足して納められる。

でもそのときに、うんちくやこだわりはなるべく言わないようにしています。使ってもらえばわかってもらえると思っているから。こないだね、すごく嬉しかったことがあって。バッグのワニの革のとり方を、見た目のバランスの観点から表と裏で微妙に変えていたんだけど、お客さんが何年か使ってからそれに気づいてくれて、「納品のときに言ってくれればよかったのに」って。でも、それを説明してしまうのは野暮だと思ってて。使い勝手のいい金具の形にそっと変えたりしても、いちいち言わない。お客さん自身で気づいてもらえるのがいいんですよね。

――使い勝手がいいっていうのは、ストレスなく自然に使えることだから、デザイン的配慮には気づかないものだったりしますよね。それがグッドデザインなんだと思います。

美しいものが正しい

――機能性と美しさのバランスについては、どう考えていますか？

きれいなものが正しいって思ってる。

――機能美。美しさは機能を兼ね備えているということですね。

絶対そうだと思うんだ。ひとつずつ型紙から起こしてカバンつくってるのに、10回つくったら10回とも同じようなバランスになっちゃうんだもん。カバンはファッションアイテムでもあるけれど、ものを持ち運ぶ道具でもあるわけだから、長持ちするようなものにしたいし。

――何年も使ってから本当のよさに気がつくという時間のスパンからすると、お待たせすることは案外、正当なことなのかもしれません。

その人が待っている間、自分のオーダーについて考えていると、その人のなかでアイデアが生まれるんですよね。たとえばブリーフケースが欲しいとして、待ってる間にデパートや専門店で見かけたりして、目が肥えてきて、こうしたほうがいいかな、ああしたほうがいいかなと、僕に伝えてくれる。それで、待っている期間と僕がつくる期間があって、ものが完成する。対して、お渡ししたあとにそれを使う期間のほうが長くなるから、結果的に帳尻合うんじゃないかな……って、たしかにいい考えだね、それ（笑）！

どっちにしても、親切なお店ではないかもしれない。説明もあんまりしなければ、納期も金額も言わないので。もちろん目安を伝えることはできるけれど。だから初めてのお客さんは困ることが多いかもしれないんですけど、でも、これでいままできちゃったし（笑）。怒られちゃいますよねえ、普通。

――でもここは剛くんの店だから、剛くんのスタイルでいいんじゃないかな？

そうか。でも、よく許してくれますよね、みなさん。

――きっと許せる人だけが、来てくれてるんです（笑）。

趣味の店みたいなもんですね（笑）。

鮎澤剛さんの“仕事の相棒”

革裁ち包丁（と、お酒）

「道具に対する執着は減ってきたように思います。以前はいろいろ欲しかったけれど、いまはこの包丁さえあればいいというくらい。革だけでなく、紙、布、木となんでも裁ちます。革製品に限らず、（卓球のラケットでも網戸でも）何かものをつくるとき、この包丁を使ってつくれるかが基準になっています。一方、いまも昔も変わらずに必要であり続けるものといえば、お酒かな（笑）。夕方くらいになるとお酒のことを考えて、いまだにワクワクするからね（笑）」

自分の受けた衝撃と駆られた衝動に、真正面から向き合って

タカ・ハヤシ アイリッシュダンスアカデミー　林 孝之さん

アイリッシュダンスに突然、目覚め
脱サラしてそれに人生を懸けてしまったその人は
ものすごい向こう見ずさと、ものすごい冷静さの
対極な心を不思議に併せもっていた。

名前
Taka Hayashi

仕事
ダンサー

この仕事を始めたきっかけ
同僚のひとこと

タカ・ハヤシ

1973年、東京都出身。27歳のときにリバーダンス（*）の公演を観て感銘を受け、脱サラして単身アイルランドへ渡る。アイリッシュダンスのコンペ入賞を経、夢だったリバーダンスのダンサーに選ばれ、ツアーで凱旋帰国。2006年からは拠点を日本に移し、「Taka Hayashi Irish Dance Academy」を設立。広く一般に門戸を開き、ダンサーの育成、振付やパフォーマンスを行っている。2006年と2009年に「世界が尊敬する日本人100人」（『ニューズウィーク』）のひとりとなる。

irishdance.jp/blog

＊アイルランドの伝統的なダンスと音楽をベースに構築されたショー。直立させた上半身に対して足の動きで表現をするダンスが特徴。タップシューズのような音の出る靴を履いて踊る。とくに大人数での一糸乱れぬダンスは圧巻。

Fly

なんにでもおもしろみは見いだせる

——どんな子ども時代でしたか？

小学校2年生のときに息ができなくなって。小児喘息になっちゃったんです。

——ということは、運動できなかったんですね。

少年野球のチームには入ってたんですけどね。でも走ればすぐゼエゼエするし、水泳すれば溺れそうになるし、剣道をやれば女の子に負けるしで、嫌にもなっちゃったんです。中学生になってからは部活も文化系で、運動は何もやってなかったんですが、中学3年くらいでちょっとよくなる兆しが見えてきて。

——小児じゃなくなってきたから！

もしかしたらちょっとできるかもって、運動し始めて。

——体を動かしたいという気持ちはずっともっていたんですね。

そうですね。高校ではサッカー部に入りました。ハーフが精一杯だったけど、それまでの自分に比べればずいぶん動けていました。それで、野球、サッカーとやってきて、団体競技っていうのは大人になったらある程度、人が集まらないとできないよなあ、と。長い目で見たら、人数が少なくてもできるスポーツをやったほうがいいのかなと。

——若いうちからよくそんな発想をするものですねえ(笑)。

それで、大学では個人競技をやろう、そうだテニスだ、となったわけです。

「Dancing Beat」(2013年)

ただ、サークルで気軽にやるのもつまらない、どうせならガチで追い込めるのがいいなと思って。そしたら読んでいたテニス雑誌に、高校インターハイでダブルス優勝した梅田邦明くんが青山学院大学に進学するって書いてある。そんなトップの人がいる環境でやりたいなと思って、僕も青学に進みました。梅田くん、全然知らない人だったんだけど(笑)。

——たかが学生が運動部に入るのに、将来を見越して個人競技にするとか、トップクラスの人のそばでやるとか、なぜそんなに冷静なんでしょうか。

それまでまともに運動できなかったから、体力を養いたい、身体を鍛えたいという気持ちがあったんですね。素人ながらも、やるならちゃんとやりたいし、そのためにはトップがプレーしているのを間近で見られる環境にいたいと思ったわけ。

当時の青学のテニス部って全国的にめちゃくちゃ強くて。部員もスポーツ推薦で入ったやつばかりで、僕みたいなど素人なんていなかった。でも、それを承知で入ってるからね。基本的には球拾いで、走り込んで、ちょっとだけ練習させてもらって、あとはコートの整備。夜中に水を撒いて、翌朝はローラーかけて、ライン引いて、みたいな。

――思い描いていたことはできたんですか？

どうしても主力中心になっちゃうから、練習についてはは思ってたようにはできなかった。純粋にテニスの練習がしたかったのなら別の方法もあったと思う。ただ自分としては、こういう下積みっていうのは重要だなと感じてた。楽をしたら、そのぶんのものしか返ってこないと思ってたから。

――すごい冷静だよね、ずっと冷静だよね！

このときの経験というのは、じつはそのあとの自分にすごく役立っているんですよ。素人でダンスの世界に飛び込んだときに、ものすごい精神的なパワーの源になった。

――テニスというスポーツ自体は、純粋に楽しめたんですか？

たぶんね、僕、やってみたらなんでもすごい好きになるタイプなんだと思う。どんなものにも、おもしろさは必ずあるから。バスケットボールでも、ラクロスでも、やってみたらきっとおもしろがれると思う。だからなんでもよかったっていうと変なんですけど、そのとき目に留まったのがテニスだったんですね。

――そんなテニス部をやり遂げて。大学卒業後は就職したんですか？

はい。僕、固定観念がなくて、就職活動するときも幅広くいろんな会社を受けました。もしかしたら世の中には自分の知らない世界がいっぱいあるんじゃないかと思って。大学ではテニスばかりで、ある意味、視野が狭くなっ

ていたともいえる。その点、就職活動っていうのは、いろいろな会社を見られるいい機会ですよね。

――出た、冷静な視点（笑）！ 普通は職種を絞ろうとすると思うんですけども。たとえばどういう会社を受けたんですか？

釣具屋とか、化粧品メーカーとか、医薬品卸売会社とか。結局、リコーの販売会社に入ってSEになりましたが。

――決め手は？

なんだったっけなあ……いや、ちょっとわかんないです。

――ええっ!?

いろいろ受けたけれど、結局のところ、どこでも一緒だろうと思って。とにかく入ったところで自分の力を発揮すればいいわけだから。

アイルランドのパブにて（2004年ごろ）

――〝なんでもおもしろがる〟精神で。

うん。そこで3年働いて、コンサル会社に転職して。そこはハードで、初出社の翌日から地方出張に出て、そのまま週末だけ東京に戻るような生活を1年続けました。体力的にも精神的にもキツかったそんなころに、リバーダンスというものを知ったんですよ。

情熱さえあれば

――私、1999年の初来日公演、観ました。

いいなあ！　僕が観たのは2000年の来日公演。アメリカでリバーダンスを観た同僚が、死ぬまでに一度は観るべきだって言うんです。ダンスなんてまったく興味なかったけど、そこまで言われたら自分の性格上、観ておかないわけにはいかない。それで観にいったら、うわー、こんなものがあるんだ！　人間ってすげえ、明日からがんばろう！　そんな気にさせられる舞台でした。そのときやっていたコンサルの仕事も誰かの役に立ってたとは思うけれど、この身体表現はダイレクトで人に響いてしまう。これができたら人生楽しいだろうな、自分の価値観も変わるだろうなと。で、自分のマックスの力で挑めば、もしかしてできるんじゃないかな?と思ったんです。

――私もあの舞台を観て大感動したけど、そういうふうにはまったく思わなかったなあ（笑）。

でも、もしできたら、そこにいけるわけでしょう。また明日からがんばろうって、人に思わせることが自分にもできるかもしれないと思ったら、挑戦しないわけにはいかなくなった。自分のなかに可能性を感じちゃったんです。そのときの仕事には満足してたんですけど、このまま60歳くらいになって当時を振り返って、あのときあっちの道にいってたらどうなってたかなって思う自分は嫌だと思った。それだったらやってみたほうが絶対いいよなって。

——でも当時、日本で習えるところなんて、なかったのでは？

そう、現地に行くしかない。ということは仕事も辞めなくちゃならないし、お金もかかるしで、さすがに1年、悩みました。その間、自分なりにできることをやろうと思って、ビデオを見ながら見よう見まねで練習したんです。仕事から帰ったら、板を持って、河川敷に行って。

——!!

その河川敷は上に高速道路が通ってるから、音を出してもかき消されて迷惑にならないんですよ。で、自主練を終えて、帰宅して、風呂に入って寝るという日々を送りました。それを本気でできないようなら、現地に行ったところで何もできねえよって思ってたから。で、この気持ちが続くようなら渡航しようと思ってたんだけど、気持ちが続くどころか、これはもう行かなきゃどうにもダメだって思うようになってしまった。それで、仕事を辞めて、行ったんです。

——そんな、ひと言でいいますけども（笑）。何歳くらいのときですか？

もうすぐ28歳になろうというとき。初めて舞台を観た1年後の2001年ですね。

——大の大人が安定した仕事を捨てて。そして行ったとて、アテがあるかというと……。

ないんですよー、これがまた（笑）！　とりあえず、アイルランド第二の都市のコークに向かいました。コーク大学でアイリッシュダンスの歴史を教えている先生がいたから。その人が書いたアイリッシュダンスの本を取り寄せて読んでいたんです。その人に訊けばダンスクラスなんてすぐに見つかるだろうという目論見で。

——逆にいえば、その手がかりだけでいきなり現地へ行ってしまった。

そうです。

——アポもとらず。

アポもとらず。

——アイルランドに行くのも初めてで。

初めてで。

——英語は話せたんですか？

いや、全然。だから向こうで語学学校に通うことも決めてました。でも英語でよかったよ。これでゲール語とかだったらどうなってたか。

——障害なんて関係ないんだね、決めちゃったら。

うん、決めちゃったらね。

突破口を探して路上へ

——どのくらいの期間のつもりで行ったんですか？

3年。

――いきなり、そんなに！

仕事をせずにダンスの練習と語学学校に通うことと、貯金とを照らし合わせて、3年間ならなんとかできるだろうと見積もったんです。それに3年間一所懸命やって身にならなかったら諦めようと。ダメでも真剣にやったのならそれでいいと思ってました。

だけど行ったはいいけど、最初は先生が全然見つからなくて。コーク大学の先生には会うことができていろいろ教えてもらえたものの、アイリッシュダンスはいわば伝統芸能で、やる人は幼少時からやってるけど、一般人が広く習い事でやるようなものではない。片っ端から連絡してみたけれど、未経験の大人を受け入れてくれるところが全然ない。ほんとに困ってしまって、それで……ビデオを見ながら自主練習（笑）。これじゃ日本と変わらないでしょ！っていう。

――リバーダンスのカンパニーの門を叩かなかったのはなぜなんですか？

リバーダンスのダンサーになるためには、アイリッシュダンスの世界選手権で入賞するレベルのオーディションに受からなければならないんです。リバーダンスはアイリッシュダンスをベースにしたショーなので。

――そうか、プロ集団なんですね。

要は「劇団四季」みたいなもので、素人がいきなり行ってもダメなんです。アイリッシュダンスのコンペでの入賞実績が、リバーダンスのダンサーの基準になるから。

――なるほど。だからまずはアイリッシュダンスを学ぶ必要があったんですね。

コークでの路上パフォーマンス（2002年）

そう。そのまま数ヶ月過ぎて、自分が本当に求めていたものがなんなのかがわからなくなってきてしまった。それで今一度リバーダンスを観てみようと思って、サンフランシスコに行ってショーを観ました。やっぱりこれだよなあと思って、どうしてもダンサーに会いたくなって、出待ちしたんです。プリンシパル（主役級ダンサー）のマイケル・パトリック・ギャラガーと話すことができて、自分の境遇を説明したら、翌日のリハーサルを見せてくれることになって。そこで彼に「将来、一緒に踊れたらいいね」って言われたんです。そのひと言で、苦しいけどがんばらなきゃって、火がつきました。これまでのやり方の延長だと埒があかないので、ストリートパフォーマンスを始めました。自己流でめちゃくちゃだし恥ずかしいんだけど、そうでもしないと何かを変えることはできないと思って。何かしらの情報をもっている人が、声をかけてくれるのを期待して。

——ツッコまれ待ちだ。

そうそう！　もうそれしかないと思ったの。だって、日本に来た外国人にいきなり歌舞伎を習いたいって言われても困るでしょ？　いうなれば、僕のしていたのはそういうことだった。

——道端で、見よう見まねで見得をきっている外国人から「歌舞伎はどこで習えますか？」って尋ねられたら、たしかに面食らうよね（笑）。

夢の共演を伴った、夢の実現

自分の想いだけが強くて、実際的な部分の考えが抜けてたんだよね。でも、おかげでメディアにも取り上げられたりして、誰でも参加できるワークショップがダブリンで開催されるって情報をキャッチして。それへの参加がきっかけで、そのワークショップをやった先生の個人レッスンを受けられることになり、バスで片道4時間の距離を毎週通いました。

それで自分のダンスが大進歩して、アイリッシュダンスのコンペティションに出ることになったんです。でも、めちゃくちゃ緊張してしまって、ボロボロで全然ダメで、ビリになってしまった。ほんとにヤバい、絶対になんとかしないといけないと思いました。そんなとき、「スペシャルオリンピックス」の開会式でリバーダンスが披露されることになり、そのためのダンサーを募集してるから挑戦してみないかと先生に言われて。そのチャンスをつかむためにも、次のコンペはもう絶対に失敗するわけにいかなかった。

――そう思えば思うほど、プレッシャーがかかりますね。

そう。だからそれをもはねのけて結果を出さないと、プロにはなれないと思いました。あんな重圧の下でやったのはあとにも先にもありません。そのコンペでは勝つことができて第一関門をクリアしたので、リバーダンスのオーディションに挑みました。それが本当におもしろかった。上手な人と一緒に踊ると、ステップがシンクロナイズして、自分の音以上の音が出る。これはものすごく楽しいぞ！と。「スペシャルオリンピックス」では100人のダンサーのひとりとして踊ることができたんですが、あれは自分史上いちばんの晴れ舞台でした。

――リバーダンスの初舞台を踏んだってこと？

踏んじゃったんですよー（笑）！　ただ、あくまでもそのとき限りで、恒久的なツアーメンバーではなかったんですけどね。でも、そのときにまわりのダンサーを見て、やっぱりすごいなと。自分ももっとスキルアップしたほうがいいなと感じて、アイリッシュダンスの競技を続けることにしました。

じつは、そのときのリバーダンスのプリンシパルから、新しいショーを立ち上げるから参加しないかって誘いがあったんですが、お断りしたんです。いまは自分が本当につけるべき力を突き詰めるべきなんじゃないかと。カンパニーに入ってしまうと、それだけの練習になってしまうから。

――すごいな。直々に声をかけられたというのに。

うん。まだ早いと思ったんですね。それでスカラシップをもらって大学院のダンスコースに通いました。途中、怪我をしてしまうなど紆余曲折あったんですが、そんななか、リバーダンスが日本公演をやるらしいって情報が入ってきたんです。それでオーディションを受けて、合格して。

――晴れて、2005年のツアーで凱旋帰国したんですね！

「いつか一緒に踊れたらいいね」と言ってくれたマイケル・パットと同じステージに立ったんですよ。

――わー、鳥肌立つ！ でも、それを言われてから3～4年後か。けっこう早く共演が実現しましたね。

なんのために踊る？

――日本に戻ってきたのはいつなんですか？

来日公演で盛り上がっているうちに日本で活動を始めたほうが何かといいのではと思って、翌年の2006年に帰国しました。

――帰国してすぐに教室を開いたんですか？

そうです。企業のイベントとか、学校の芸術鑑賞会とか、

リバーダンスファーイーストツアー（2005年）でマイケル・パット（中央）と約束の共演を果した

「Diamond Celebration」 with アカデミーダンサーズ（2017年）

「Taka Hayashi Irish Dance Academy 3rd リサイタル」（2014年）

映像作品への出演とか、アーティストとのコラボレーションとか、活動はいろいろやってますけど、なぜレッスンしているかというと、体の動くうちに人に教えておきたいからなんです。

——人に伝えたいという気持ちがある？

もちろん。だって文化は自分が習得したものを還元していくという側面があると思うから。自分の作品として残すこともあるけど、それだけで終わっちゃって、このダンスをやる人は日本ではほとんどいないってなってしまうのは、ちょっと淋しい。自分がアイルランドで教わったものを伝えていくことは必要なことだと思ってます。芸事だけでなく、職人の世界でもなんでも、自分の技術が後世に伝わったらいいなって思わない人はいないんじゃないかなあ。

——タカさんはいま、なんのために踊っているの？

ひとつは、自分がリバーダンスから受けた衝撃を、誰かに還元したい。

——やっぱりそこなんだ。

自分が受けたものを還す。それが伝統であるかどうかは別にしても、文化の流れというか、その動きのなかのひとりではいたいと思う。

——アイリッシュダンスから見ればタカさんは外国人なわけですが、その特異なポジションについてはどう考えていますか？

リバーダンスの経験も踏まえたアイリッシュダンスを日本語で理解して日本語で教えられるのは、世界で自分しかいない。現地ではトラディショナルな競技ダンスを教えているスクールばかりなんだけど、僕のやるべきはきっとそこではなくて。もっと自由な踊りというか、リバーダンスを見て純粋に衝撃を受けて、やりたい衝動に駆られた人のためになんとかしてあげたい、という気持ちが強い。

——自分が体験したのと同じ衝撃と衝動を生かしたいんですね。それとやっぱり、体を動かすことに根本的な喜びもあるんでしょうね。

昔、思うように運動ができなかったから、そのぶんを取り戻したいのかも。

——もうとっくに取り戻してると思いますよ（笑）！

林孝之さんの“仕事の相棒”

ダンスシューズ

「アイリッシュダンスは靴が楽器なので、靴がないことには成立しません。練習用のはどんどん履き潰してしまうのですが、いま手元にあるのは30足くらいかな。この靴は特別で、ヒールをアイルランドから取り寄せて、日本でタップシューズの職人にフルオーダーしたもの。全部で3足つくってもらったんだけれど、2足はもう壊れてしまって残るはこれ1足なので、大切に使っています」

探偵のように推理をし、通訳のごとく仲介する

エルム動物病院　蟹江 健さん

西洋医学、東洋医学、民間療法にかかわらず
そのとき、その相手に適した治療を施す。
いつだって真摯に診察してくれるから
こちらの不安はいつの間にか
取り除かれてしまっているのだ。

名前

蟹江 健

仕事

獣医師

この仕事を始めたきっかけ

石黒くん

かにえ・たけし

1975年、愛知県出身。転勤族で犬を飼えなかったため、（ご褒美のおやつも目当てだったが）近所の犬を散歩させてもらっていたくらい元来の動物好き。日本獣医畜産大学（現・日本獣医生命科学大学）卒業。大学病院、一般病院の勤務を経て、2007年に「エルム動物病院」の勤務医となる。2011年、同病院院長に就任。西洋医学と東洋医学の知識と経験による包括的な診察に、全幅の信頼を寄せる動物オーナー多数。

www.elmdoubutsu.com

いたずら封じに手渡され

——もともと動物好きな少年だったとか。

いわゆる生き物好きの子どもでしたが、まずは昆虫でした。そうなるきっかけになった友だちがいて。石黒くんという物静かな子だったんですけど、虫が好きで、すごく詳しくて。保育園で一緒にお迎えを待ってる間にいろいろ教えてくれたんです。それで自分も関心をもつようになって、図鑑を買ってもらい、絶えず調べては、石黒くんと熱く語る（笑）。その時間が楽しくて、迎えが来ないでほしいと思ったくらい。

——蟹江少年の昆虫好きを、ご家族は認めてくれていたんですか？

いまでも憶えてるのが、家にゴキブリが出たとき。私は興味をもって追いかけていて、母がキャーとか汚いとか言ったんですけど、親父が母に、おまえの感情を子ども

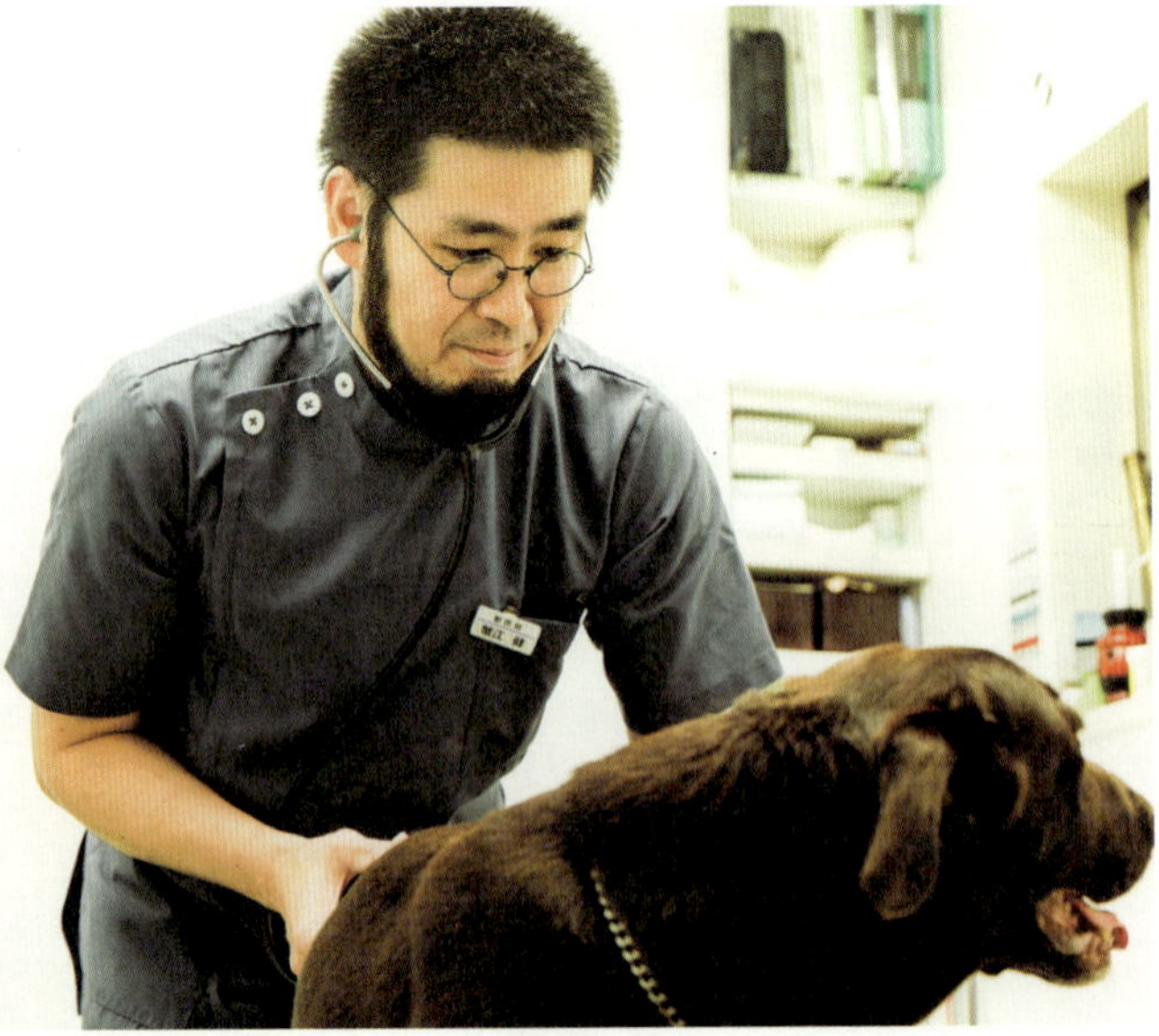

に押しつけるな、まずは本人に見させなさい、と諭したんです。固定観念を植えつけずに黙って見守れというわけです。

――たしかに、子どもは親に影響されますね。私も犬と散歩していて感じるのは、お母さんがニコニコして犬を見ていると、その子どももたいてい、そういう態度です。反対に、お母さんが犬を避けるようにしていると、子どもも怖がっている。

子どもは、親の態度に倣いますよね。

そのことがあってから母も許容するようになったので、生き物をなんでもかんでも家に持って帰るようになりました。虫の卵を見つけてきては下駄箱の靴のなかに入れてたんです。こっちの靴にはカマキリの卵、あっちの靴にはクモの卵（笑）。卵は暗くて安静な場所に置くのがいいので、打ってつけだったわけです。

春先のある日には、母親に「健ー‼」と呼ばれました。「ちょっと！　押し入れ！！　チョウチョ！！！　飛んでる！！！」って（笑）。押し入れに入れておいたさなぎが孵化したんです。アオスジアゲハというきれいなチョウだったんですけどね（笑）。

卵を育てるようになったのは、小学校のときに私のいたずらを見かねた先生が卵をくれたのがきっかけでした。

――いたずらがすぎるから、卵を観察してこっちに集中してろと？

そうそう。アブラゼミを体操着袋いっぱいに捕まえてきて教室でミンミン鳴かせたり、川で捕まえた大きいスッポンを校長室に投げ込んだり。そしたらあるとき理科の先生に呼び出されて、クラスのみんなと協力してこれを育てなさいと卵を渡された。卵は葉っぱに産みつけられていて、卵が孵ったらその葉を食べるから、同じものを探してきて与え続けなさい、と。

――なんの卵かは知らされなかったんですか？

そうなんです。小学生男子の心がうまくくすぐられたんですね。チョウって劇的な変化をするので観察しがいがあるし、葉っぱ探しも探検みたいでおもしろいし。学校中を探して、その葉がクスノキだとわかりました。卵が孵って、幼虫になって、脱皮して、さなぎになったところで家に持ち帰って、押し入れにしまって……で、さっきの話になるわけです。同じころ、下駄箱の卵たちもみんな孵ったから、いろんな種類の大量の子どもたちで家のなかはエラいことになりました(笑)。

——幼少時からいままでずっと、生き物とふれ合ってきたんですね。

けっこう早い段階から獣医師になろうと決めてましたね。小学生のころは漠然と動物園の飼育員になりたいと思っていましたが、当時放映していた『わくわく動物ランド』というテレビ番組で絶滅危惧種の存在やその保護活動などを知り、動物を助けたいという気持ちが芽生えたんです。それで獣医師になりたいと思うようになりました。

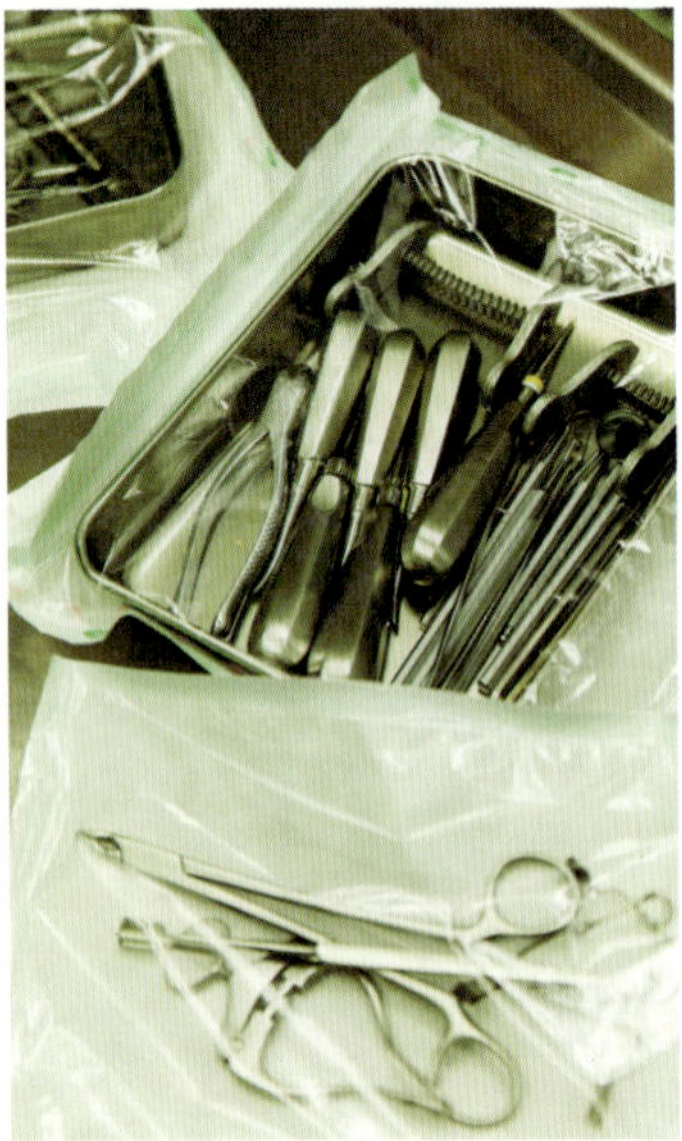

中学時代の同級生には、当時言っていたとおり、ほんとに獣医師になったよなあって言われます。

——子どものころの、いうなれば無邪気な夢をそのまま実現してる人って、そんなにたくさんいないんじゃないでしょうか。

思い込んで道を狭めてしまったのかもしれないので、良し悪しですけどね。

名医は名探偵たり得るか

――獣医科大学に進学する際に、病理学を選んだ理由はなんだったんでしょう?

大学には病院研究室といって、病院のスタッフのように働きながら研究をする機関があるんです。実際の病院勤務と直結している内容ですから、将来、獣医師として働くための実質的な予習になります。でも反対にいうと、社会に出たら否が応でもそれをしなきゃならないわけだから、それなら、いましかできないことをしたほうがいいんじゃないかと思ったんです。それでいて実際の動物を扱える臨床に近いところということで、病理を選びました。

病理は、内科と解剖を合わせたようなものです。内科は、どういう病でそこが侵されて、どう変化したのかを診る。解剖は、動物の屍体の解剖をして体の構造を見る。その子が死にいたるまでに、正常な状態からどう離れていったのかを診るのが病理です。要は検死官と同じで、屍体ではあるけれど本物の体に直に触れられるので、メスの切れ具合や臓器の感触が実感できるんですよ。

人間の医者でも、患者の顔も見ずにカルテだけ見て診察を終えちゃう人がいますけど、症状が出ている個体に触ったり、見たり、聴いたりして、五感を使って診ないことにはわからないと思います。動物は言葉で訴えられないのでよけいに、問診に該当する所見をとるには触診が重要になってくるんです。

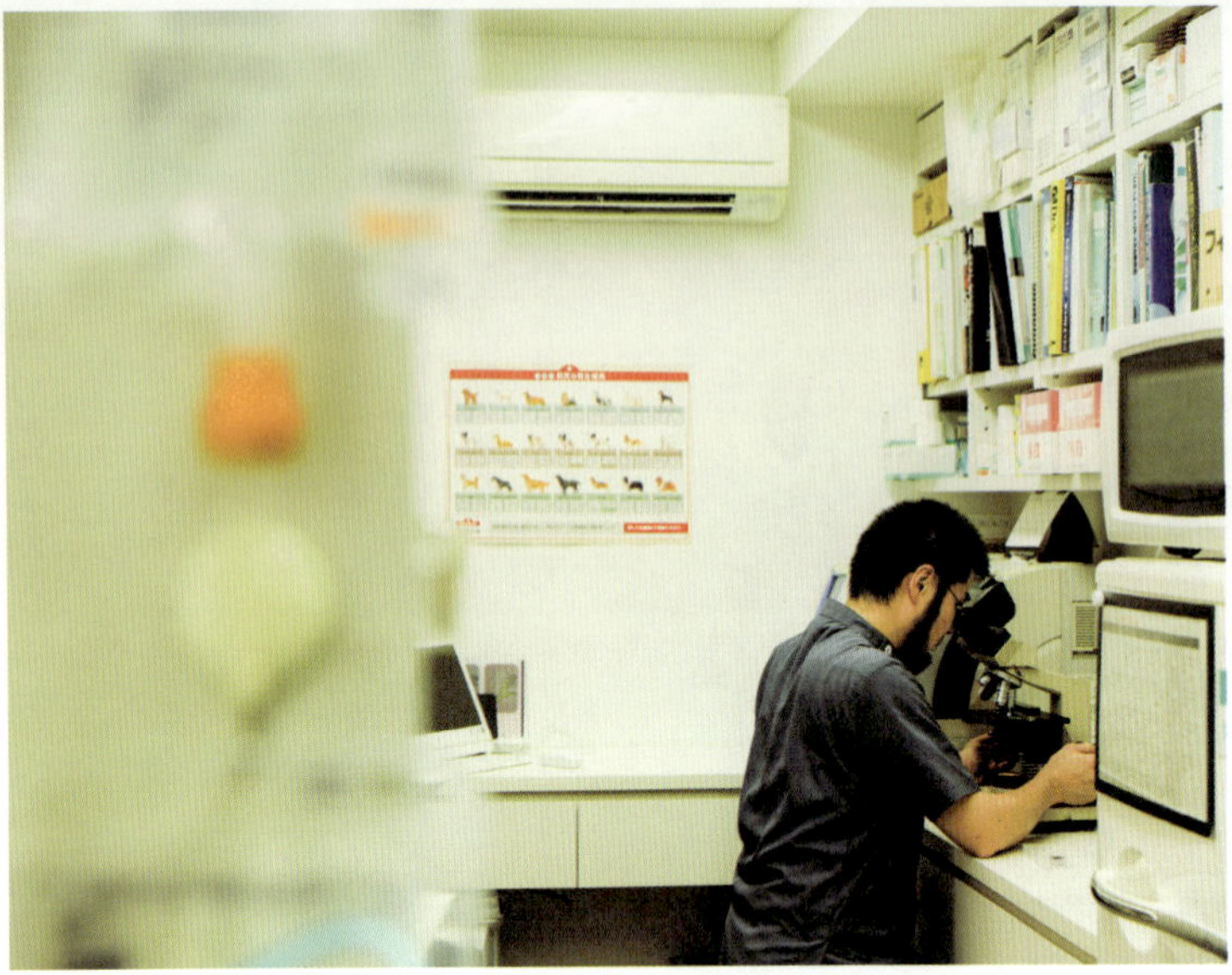

――当時のその選択は、いまの仕事に活きてますか？

もろに活きてます。病院に来た子のお腹の音を聴いて、朝何時くらいにごはんをあげましたね、なんて飼い主さんに言って驚かれたりしますよ。まさに推理小説の探偵みたい。まずは動物のオーナーさんに聞き込みをして、病原という犯人の遺留品がないか、身体検査をして状況証拠を調べます。物証を見つけたら、指紋などが残ってないか、つまり血液検査やレントゲンといった科学的検査をする。で、犯人が見つかったら、薬という暗殺者を送るか、それとも自らがメスをふるうか、みたいなね。好きなんですよー、ミステリー（笑）。

「もし、頼もう～」

――卒業してすぐに獣医師になったわけではないそうですね。

就職したらその先はずっと仕事に専念しなくちゃならな

いから、その前に1年間だけ自分のために使おうと思いました。それで海外へ放浪を。学生のころから東南アジア、オーストラリア、南北アメリカ大陸、南極など、バイトで稼いではあちこち出かけていたので。

——どうして旅行が好きになったんですか？

やっぱり出会いですねえ。知らない場所に行って、そこでないと食べられないもの、見られないもの、できないことを、生で体感したかった。知ることが好きなんですね。ギターが弾けるので、言葉は通じなくても音楽でコミュニケーションはとれるし。

——コミュニケーション。人にも興味があったということですか？

それもあると思います。そのとき会えた人と、いっときでも仲間になれるというか。そういう出会いを求めて出かけていたところはたしかにありますね。

——旅から戻ったあとは？

出身大学の大学病院に1年間勤務しました。でも大学病院はあくまでも二次的医療施設で、一般病院での診察後に特殊な技術で診るのに集中してしまって、ちょっと偏っているんです。それで、もうちょっと地域に密着したところで診たい、患者の最初の不安を診る一次医療施設の医者になりたいと思いました。いわゆる町医者になりたかったのです。そんなわけで、大学で講師をやっていた先生の開業病院に入りました。

——そこで4年勤めたあと、現在、院長をされている「エルム動物病院」に転職したのはなぜだったんでしょう？

外科的な技術をもっと身につけたかったからです。前の病院では、すべてのオペを院長が手がけていました。もちろん手伝ってはいましたが、自分で診て、自分でその責任をもちたかったんです。技術と知識で経験を積んで自信をつけないことには、将来的に独立できないと思ったので。
「エルム動物病院」は偶然、見つけました。ちょうど移転改装するときで、スタッフになれたら新しく病院をつくる現場を見られますよね。これは自分が独立する際に参考になるにちがいないと思って、スタッフ募集はしてなかったんですけど、「もし、頼もう～」と(笑)。

――それが2007年。そして、前院長の提案を受けるかたちで「エルム」を譲り受けることになったのが2011年。

ゼロからやりたい気持ちがあったので悩みましたが……。自分を信頼して通ってくれている患者さんの存在もありましたし、どこの馬の骨かも蟹の殻かもわからない者が(笑)病院を新設したところで、このご時世、やっていけるのかという不安もありましたし。

――先生が別のところに行ってしまっていたら、我が家の犬猫たちが路頭に迷うところでした(笑)。

正しいこととは何か

――とくに好きな動物はいますか?

生き物全般なんでも好きですね。硬い羽のなかに柔らかい羽が入っているてんとう虫の構造が衛星に応用されているとか、ライオンの狩りの仕方はラグビーにそっくりだとか、それぞれにおもしろい特徴をもってるから。

――それぞれの違いがおもしろい、というのはよくわかります。たとえば狭いところでいうと、どちらも飼ってる身としては、犬派か猫派かなんてくだらないと思っちゃう。犬は犬で、猫は猫。どちらもそれぞれにいいんであって、べつに比べるものではない。

たぶん知らないだけなんですよね。知ると身近に思えるから、おもしろくなると思うんですけど。

――蟹江先生のように、動物が好きだから獣医師になっ

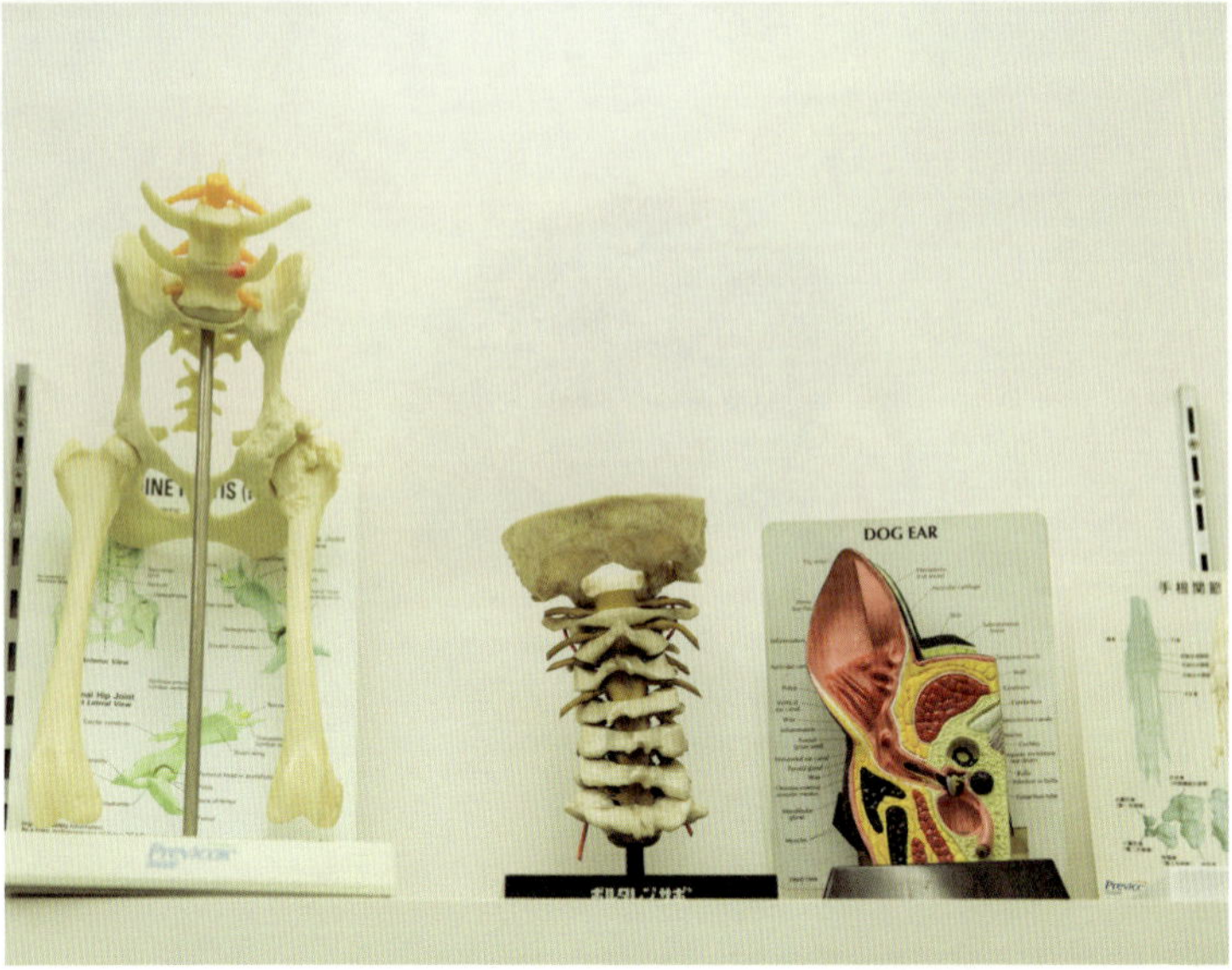

たという人は多いと思うんです。ところが実際に獣医師になったら、むしろ人とのつき合いになりますよね。動物以前に、まず飼い主と対面しなければならない。

小児科医と近いところがありますよね。赤ちゃんの不調の理由がよくわからず、不安な気持ちで来院するお母さんの心理を察しつつ、その子の病状を理解したうえで、きちんと説明をする。動物も飼い主も赤ちゃんも親も、みんなが納得して安心できる状況にならなければ治療にならないという。

――お医者さんが大変な職業だなと思うのは、まさにそこで。不安だったり、体調がよくなかったりと、基本的にはハッピーでない状態の人を相手にしなければならないから。

その気持ちを汲んであげられるよう、こちらがいつもハートウォームな状態で受け入れられないといけない。患者本人はもちろんですが、家族がどう思っているかも同時に見なければ、治療の方向は定まりません。一方的にこちらの考えを押しつけても、それがたとえ正しかったとしても、オーナーが納得していなければ成立しないんです。ある意味、言葉が話せない動物の通訳が、私たちの仕事。動物と飼い主の橋渡しだと思っています。

――究極な話、延命処置か、安楽死か。何が正しいのかなんて誰にもわかりません。ということは、飼い主が納得できるかどうかにかかってきますよね。

自分の経験、知識、技術をフル動員して、考えて考えて、決断して、実行する。それに飼い主が納得してくれて初めて治療になります。手を下さないっていう実行というのも、またあるんですけどね。とくにこの仕事は命に直結するから、ひとつひとつの判断にすごく責任を問われるんですけど、でもそれが乗り越えられたときにおもしろさややりがいが出てくるし、責任感が芽生えて次に向けてがんばろうという気持ちにもなります。

極めれば、対極もまた極まる

――論理的思考とインスピレーションって対極のようにいわれることもありますが、それまでの思考や経験の積み重ねが多いほど、要するにデータベースが豊富になるほど直感が冴えるそうですね。つまり相対することではない。蟹江先生の診察は、どちらも併せもっているように感じます。

東洋医学でいうなら対極図ですよね。極めれば、反対側の物事も見えるようになる。獣医師になったばかりのとき、動物の異変にいつも真っ先に気がつく先輩がいて、なんでだろうと思ったことがあります。自分もそうなるためには、しょっちゅう様子を見にいけばいいのかなと思って、ちょこちょこ見まわりしてたんですけど、やみくもにそうすればいいわけでもない。その子の状態をきちんと把握して、普段から意識して気にかけていることが大事なんですよね。

——先生が東洋医学を勉強されたのは院長になってからですけれども、そういった部分をきっとさらに強固にしたのでは?

そうですね。東洋医学はそれこそ科学的な検査がない処置で、まさに経験の積み重ねなんですよね。

——そうか。数値で見ませんもんね。

はい。なので、究極の直感なんですよ。視力を失った人が聴力が敏感になるのと似ていて、ひとつの感覚を研ぎ澄ませることができれば特殊能力になる。他の能力もそこに追いつこうとするので、いろんな感覚が冴えてくるんです。

自分に東洋医学的見地がプラスされて、全体的に診ることができるようになったし、身体検査がますます大事だと思うようになりました。西洋医学と東洋医学のそれぞれのいいとこどりをして、どちらかに偏らないで治療ができればいいですね。

——東洋医学を学んだのは、やはり前院長の影響でしょうか?

ほんとに効果あるの?って、最初は懐疑的な部分もありました。でも前院長が、食滞で便が出ないというウサギに鍼を打ってお灸したら、その場でポロポロ出て。オーナーさんが「嘘じゃないんです、ほんとに便が出てなかったんですよ!?」って。

――即効だったんですね。

それを目の当たりにしたときに、すごいのかも、と思って。いま、自分が担当している症例でもはっきり効果を感じています。腎不全で数値を振りきっちゃった17歳の猫が、お灸だけで絶好調になりました。腎不全は治るものではなく、歳をとるほど悪化していくのが普通のはずなのに、どんどん数値がよくなってるんですよ。いま正常値になっちゃってるんですもん、西洋医学的にはあり得ないですよ。

――うちの老猫も鍼灸をしてもらうと、とたんにピッカピカの毛艶になって、家中を走りまわります(笑)。

どこまでが獣医師の仕事？

――仕事のうえでのモチベーションはどんなところにありますか？

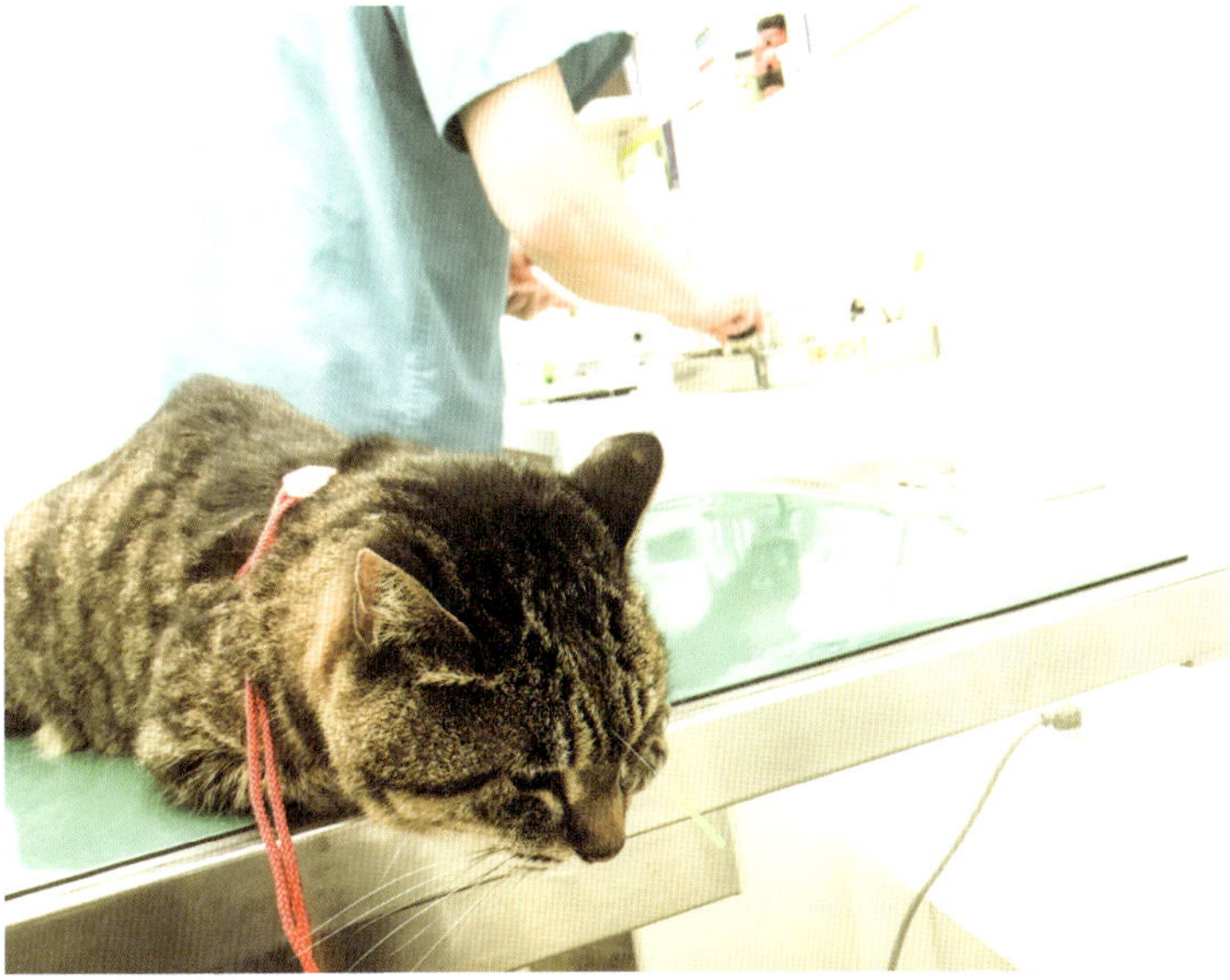

ありきたりかもしれないですけど、治療がうまくいって、オーナーさんと動物が元気になったとき。基本的には不調や不安な状態で来てるので、診療というのはどうしても笑いが出る場ではないじゃないですか。だから、最終的に笑顔で帰ってもらったときですかね。

——でも、「エルム」はけっこう笑いの多い病院だと思います。みなさん楽しそうに仕事していて、病院の雰囲気がいいんですよ。

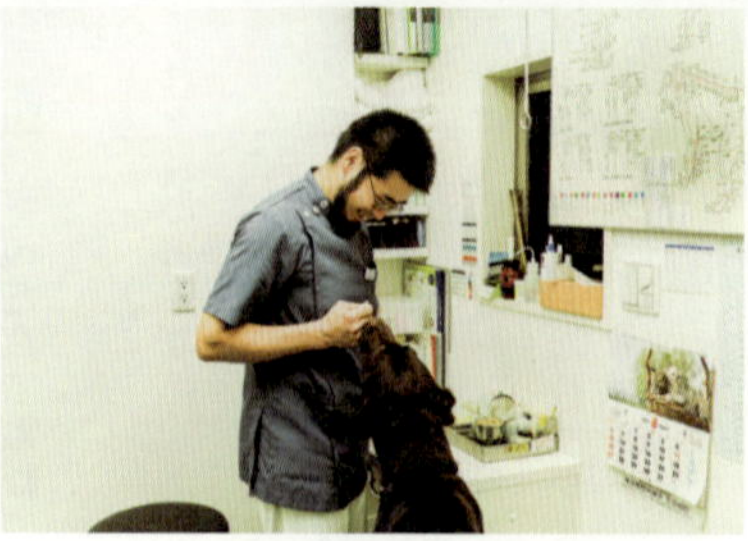

いつも言うことですが、うちの動物たちは行くのを嫌がりませんから。むしろ積極的に入りたがるくらい。

たしかにそう言ってもらえることはあります。よそに行くと震えちゃうんだけどって。でも、オーナーさんの気持ちが動物に通じちゃってるところも多いはず。飼い主の気分が動物にも影響するので。とくに犬はダイレクトに伝わってしまいます。

——そう思います。でも、大好きな動物に嫌われる役まわりでもあるのって、悲しくならないですか？

注射したり手術で痛い思いをさせたりする張本人ですから、嫌がられるのは普通の反応だと思う。だから、そこにジレンマはないですね。それより、治療したことで、咬みついてこようとするくらい元気が出てきたら嬉しい。それでみんなが笑顔になるから。そういうことがモチベーションになるんですよね。

——子どものときに想像していた将来の自分の姿といまの自分の状態は、合致してますか？

30歳くらいで結婚して35歳までに独立する、という中短期的なビジョンは実現しています。自分で敷いたレールはおおよそ通ってこられました。旅なんかは予定外の脱線ですけど、本線には戻ってきているので。

長期的なビジョンは、今後のことです。いまの状況で60歳まではバリバリやるつもり。手と目がしっかり働いて、体力も必要な外科手術ができるのは、それくらいまでかなあと。そこから先は、ペースは落とすかもしれないけれど、鍼灸を主体に診察は続けたい。鍼灸は経験と感覚を研ぎ澄ませるほどに活きてくると思うし、そうすることで自分の獣医師寿命も延びると思うので。

――ずっと町医者でありたいという気持ちがある？

あります。自分が第一線でメスを持つことはできなくなっても、鍼は打てると思ったので。それで、地域相談所じゃないですけど、入り口としての診断医をやるようなイメージです。

アニマルカウンセラー的な、お茶を飲みながらアドバイスしたり動物の話をしたりできるような場所をもつのもいいなと思ったり。じつは私は紅茶が大好きで、いまの仕事をしてなかったら喫茶店をやっていただろうと思うんです。とにかく地域貢献がしたいんですよね。動物たちのおもしろさや命の大切さを伝えるのも、獣医師の仕事のひとつとしてあっていいのかなと思っています。

蟹江 健さんの“仕事の相棒”

スタッフ全員

「ものはなくても何かで代用できますが、うちに長年いてくれて、うちのやり方も道具も知っていて、理念も経験もあって、というのはもうその人しかいない。信頼できるスタッフがいてこそ、いま自分は仕事ができている。家族のようなものですね。病院はともすれば、命を預かっているという大義を盾になんでもやらせて、いとも簡単にブラック企業になり得てしまう。そんななかでも、モチベーションをもって働きやすく、その人のパフォーマンスを発揮できるような環境をつくっておかなければと思っています」

たおやかに、静かに、ひとしずくの革命を起こす

シンクボード　山倉あゆみさん

お菓子をつくる、料理をする。はたまた、自治体の職員となって奔走する。
誰かの想いをかたちにするために、彼女は変幻自在な〝参謀〟となる。
そうして膨大なプロジェクトを手がけているのに
本人はいたって淡々として、なんだかとっても軽やかなのだ。

名前

山倉あゆみ

仕事

プランニングディレクター

この仕事を始めたきっかけ

クッキングパパ

やまくら・あゆみ

1978年、新潟県出身。プランニングディレクター、調理師、パティシエ、代表取締役、一児の母。2010年、「Catering & Food Design Lab DAIDOCO」結成。2017年、「シンクボード株式会社」設立。2017年からクリエイターコミュニティ「Cift」のメンバーになり、地元・新潟と東京の2拠点で活動中。
daidoco.net
syncboard.co.jp

三条スパイス研究所

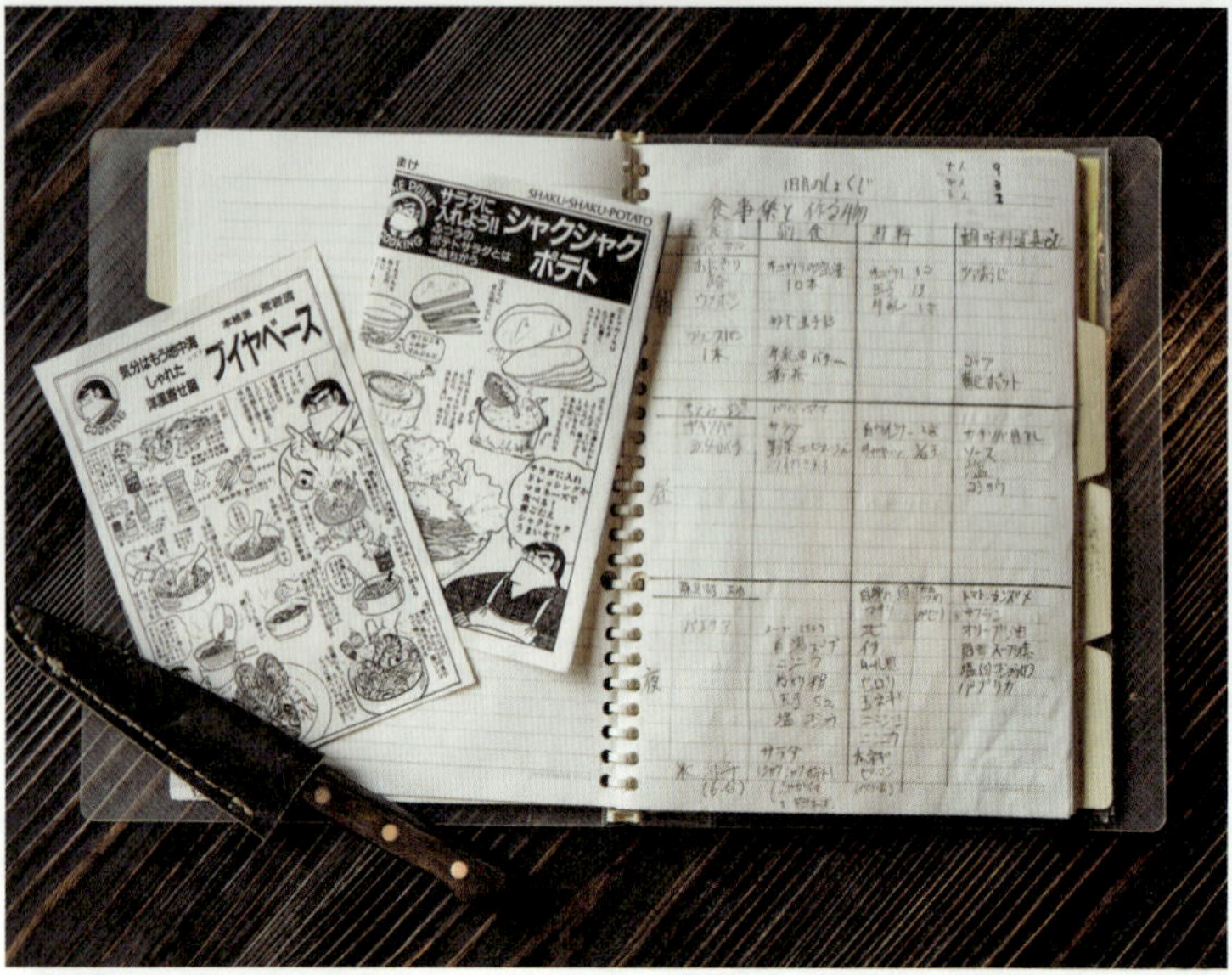

先生は『クッキングパパ』

――もはやその範疇を超えているとはいえ、ご自身の活動のベースはもともと料理ですよね。食べるものに対する興味はいつ芽生えたんですか？

私が5歳くらいのときに、親から名前の入ったペティナイフを渡されて。家族でキャンプに行くときには献立から考えさせられていたんです。

――え、5歳で!?

はい（笑）。家族みんなで毎年2回、キャンプに行ってたんですけど、そのときは好きな料理をつくっていいっていう特典があって。『クッキングパパ』の漫画をドンと渡されて（笑）、それを読んでつくりたいメニューを決めなさい、と。テビチとかローストビーフとか、『クッキングパパ』の名作料理、あるじゃないですか。ああいうのをキャンプのときだけつくっていいんです。すごいよ、肉の塊とか買ってもらえるの。でも、必要なもののリストを作成しないと食材は買ってもらえないし、リストの内容がまちがってたら、つくりたいものができない。

――たとえまちがっていても訂正されずに、そのリストのとおりに用意されるわけですね？

そう。その場合は現場で「わあ、どうしよう!?」ってなるんだけど、そこで工夫するのは大好きだったの。あ、ちなみに私、三姉妹なんですけどね。

――あゆみさんは、まんなかでしょう。

当たりです(笑)！

――3人で協力して1品つくるのではなく、めいめいが好きなものをつくったんですか？

そうです。だから、私は朝食を担当するわ、みたいになるべく楽をしようとする姉のような人もいれば(笑)、度胸があって奔放な妹は、とてもできないだろう！っていう献立にして、やっぱり無理があって手伝わされる羽目になったり(笑)。

――おもしろいなあ。究極の食育、というか、教育ですね。創意工夫や試行錯誤する力は、そこでもう鍛えられていたんだ。

あなたの食べたいものはなんですか？

――そういう素地のうえで、料理にずっと関わってきたんですね。新潟の調理師学校を卒業してからは？

ドイツ菓子店にパティシエとして4年ほど勤めたあと、23歳のときにオーダーメイドのケーキ職人として独立しました。当時、地元はカフェブームで、多くの厨房では素人がレシピ本を見ながらお菓子をつくっているような状況で。私は、その人たち……町中の飲食店の製菓製造をサポートしていたんです。

というのも、お菓子が欲しいときって、売られている完成品から選ぶことがほとんどだけど、そうではなくて、自分はこういうお菓子が食べたいんだっていう人はいないのかなって思ったんです。「俺の料理を食べてくれ!」っていうのが飲食店だとしたら、私は「あなたの食べたいものはなんですか?」っていう料理人になろうと決めたんです。

――フリーランスのパティシエなんて、他にいなかったでしょう? それを思いつくのもすごいけど、実行してしまうところがまたすごいですね。

自分で大発明だと思ってやってました。カフェの厨房の子たちはけっこう理想が高くて、あの店のああいうスポンジがいい、みたいな難しいオーダーを平気でしてくる(笑)。でもそれを実現してあげるってこと自体は、お店のオリジナリティにもなるし、売れればその人たちの成功体験にもなるので、すごくいいんじゃないかなと思っていたんですね。その人が実現したいことを、私は技術としてやるだけっていう立ち位置。

――そこですでに、相談にのってかたちにするっていうことをしていたんですね。

初めての上京と、13種類の仕事

そのころ、最初の結婚を機に上京したんです。相手はデザイン業界の人で、当時はデザインブームだったから、業界人がいっぱいいるみたいなパーティの日々。いやいや、これはちょっと無理だってなって、彼とは1年足らずで別れてしまいました。家を出てから2週間は、目黒駅前の漫画喫茶に泊まっていたんです（笑）。

——実家にも帰らずに。

いやあ、すぐ帰るのもつまんないなあと思って。で、住んでいた目黒しか知らなかったから、夜は漫喫で過ごして、日中は東京の街を見てまわって。そのあとは友人宅に泊めてもらったりしながら、半年くらいはそうやって過ごしたかな。

そうそう、結婚してるときも飲食店で働いてたんですけど、職場の先輩が働き方について悩んでいたので、オーダーメイドのケーキ屋の話をしたら、結局その人、いまそれをやってるんですよ。

——パクられちゃった！

うん。でもそのとき思ったのが、私が考えることって誰にでも作用できるんだなということ。場合によってはパクられたってことになるかもしれないけど、その人にプランをあげられたんだなと思って。それってつまり、プランナーの仕事ですよね。

で、本業のパティシエとして「IDÉE」や「HIGASHIYA」、「クオカショップ」などで働きながら、他に13種類の仕事をやってみたんです。

——それは、なぜに？

東京って仕事がいっぱいあるなーと思って（笑）。いっぱいあるし、やってみればけっこうできるものだなと思ったら、楽しくなっちゃった。半ば趣味みたいに求人サイトを見て、やれそうな仕事に応募して。ほとんどトリプルワークで、朝、昼、夜で違う仕事をしていました。すごくおもしろかったですよ。耳鼻科の受付とか。

——え、そういうのも？

だって、やれるタイミングってなかなかないでしょ？　玩具メーカーのデモンストレーターとか、東京ビッグサイトの場内アナウンスとか、テレフォンアポインターとか、ファミレスのウェイトレスとか。自分は何にでもなれるし、どうやっても生きていけるんだって、そこで自信がついたの。いまでも私は、いつでもレジ打ちから始められるって思ってます。

——そういう気持ちをもってるって、すごく強いよね。

うん。私は東京に憧れもなくて、自分では上京しようとも思っていなかったので、ある意味、気楽に試せてラッキーだったのかもしれないけど。いろんな人が、いろんな仕事をして、いろんな生活があって、というのを感じられたのは、すごくおもしろかったです。

だからもう、前の旦那には感謝ですよ。逃げ出してほんとごめんねって、いまは心のなかで平謝りしてますけど（笑）。でもそれがなかったらそういう体験はできなかっただろうし、すごくいいきっかけをもらったなと思ってます。

チャラチャラからの転換

——そして、新潟に戻ったんですね？

はい。２００７年の新潟県中越沖地震のあとです。その前の地震のときに新幹線が止まって、すぐに新潟に戻ることができなかったのがずっと心に引っかかっていました。それまでは東京にいても簡単に帰れる気持ちでいたけど、帰れないこともあるんだって思い知って。東京にいたら、両親にあと50回も会えないかもって気がついちゃったんです。

で、５年ぶりに帰ったら、新潟は何も変わっていなかった。東京にはたくさん人がいて、いろんな場所がいろんな使われ方をしていたのに、新潟はなんだか手つかずだった。それで、使われていない場所を使ってみよう、自分が唯一できる料理の仕事で自分なりに生きていけるようになろうと、偶然出会ったふたりの料理人と一緒に「DAIDOCO」っていうケータリングチームを結成したんです。個人宅にお伺いしてフルコースをお出ししたりする仕事。

——それも、いまだったらそういう活動をしてる人はいるけれども……。

そう、当時はいなかった。最初は身内の紹介で、おもに70〜80代の富裕層の人たちへ向けたケータリングだったから、「DAIDOCO」のフォントも高級感があるようにプラダっぽくしたり（笑）、その時点でディレクションをやってたんですよね。

で、クライアントに合わせてプランを考えていくなかで、いろいろ気づく機会があった。その人が誰とごはんを食べているかとか、どんな料理が食べたいかとか、みんなで食事するのはどんなときなのかとか。食卓を見つめれば見つめるほど、家族構成やコミュニティっていうものに問題意識をもつようになったんですよ。

どこで何を食べたいかを自分で自由に決められるのに、そこにまで意識をもったことがないっていう人たちがたくさんいて。誰と食べているかっていうことにも無意識で。もしかしたら、何を食べるかっていうことにさえ無意識かもしれない。でも、それに焦点を当てることで変えられる世の中があるかも、というのを徐々に感じていったんです。オーダーメイドのケーキっていうちょっとチャラチャラしたかわいいものから、郷土料理や家族、地域や農業をとおしたコミュニティといった方向にシフトしていったのはこのころです。

温泉街の、事件です！

——新潟市で開催された「水と土の芸術祭」のスタッフになったのは、再婚と出産を経たあとですよね。

はい。2011〜2013年です。コミュニティや街づくりへの関心が高くなって、それをどう表現できるかなって考えたときに、行政の動きというのは地方自治ではかなり重要なので、それを知るためもあって。ちょうど募集が出ていたので、フードディレクターとして参加しました。普通の市の職員なので、起案を出したりとか。

――きあん？

ハンコを3つもらわなきゃいけない書類のことです(笑)。それを提出したり、資料をつくったり、自治体で物事がどう決まっていくかっていうのを、そこでは学んだ。そのとき私、髪の毛をピッと上でまとめてたんですよ。そしたら、どうやら裏でサムライって呼ばれてて。やることが過激すぎるからっていうことだったみたい(笑)。ちなみに、そう呼ばれているのを知って慌てておかっぱに変えたら、とたんに起案がとおるようになったんですけどね(笑)。単純なものですよねえ。

だけど、誰かがやれば前例ができて、世の中が変わっていくっていうのは、すごくそこで経験したんです。たとえば、いま地元の公共施設にインディペンデントな若手

でも出店できるようになったのは、そのときにとおった起案が残っているかららしいんですよ。やってみて、目に見えて街が変わっていくってことを、このときは繰り返しやってみていた。

――うーん、仕事内容が想像以上に幅広いなぁ。芸術祭が終わったあとは？

「KOKAJIYA」っていう、岩室温泉街にある古民家のレストランをディレクションしました。ここは、住人のおばあちゃんがいなくなって建物を壊すってなったときに、NPOが借り上げて公民館として使っていた。ランニングコストがかかるのに収入源がないって状況で、補助金がこれ以上は下りなくなるので再度取り壊す話が出ていたんです。そしたら「DAIDOCO」のシェフが、ここでレストランをやるって勝手に手を挙げちゃった。

そんなわけで、レストランというものをどう見いだしていくのかっていうところからディレクションしていきました。新潟のクリエイター30人くらいに参加してもらって、全員とそれぞれ話して、おのおのがその人なりに、この空間がこの先どうあるべきかを考えて表現してくれました。普通だったらこういうとき、誰かが決めて終わりっていうことが多いと思いますけど、いろんな人に訊いて、話し合って、そしてやってみるってことがいちばんだなと。今後、血縁だけでは維持できないこういう事態が増えていくだろう世の中で、そのシンボルにしよう、と。それで、この場所を使って私たちなりの街づくりを始めていくことになったんです。

――古民家でレストランをやるっていう単体の案件から、温泉街全体の再生プロジェクトに広げたんですね？

そうです。まずはレストランがオープンしてから1年後、地元の百貨店さんから地域で何かやりたいというご相談を受けて、百貨店催事場での「KOKAJIYA展」を提案、開催しました。このときの「わすれられると、なくなってしまうもの」っていうテーマは、1年間かけて私たちがたどり着いた答えでもあったんです。

他にも、このエリアならではのおもしろさを発信していきました。ここは海があり、山があり、潟を潰している土地なので土質もいろいろで、特殊な生態系をもつエリアなんですね。産品も少量多品種で、食べ物がいろいろあるってことは、つまり人間もいろいろな人がいるんですよ。そういう土地のユニークさでもって、自分たちの活動をとおしてさまざまなメディアに出ることで、この地域は確実に少しずつ変わっていった。
それでね、この5年間でどう変化したかというと、たとえばピンクバス（高速バスのWILLER EXPRESS）が乗り入れるようになりました。高速バスの停留所ができたので、岩室温泉街に東京から3000円で来られるようになったんです。温泉街の事件ですよ！

混ざり合ってできる新しい香り

――最近のお仕事の代表作といえば「三条スパイス研究所」、通称「スパ研」ですね。「スパイスカフェ」の伊藤一城シェフも関わっていることもあり、とても話題になりました。

もともとは三条市の取り組みの一環で、私は地域コーディネーターとして起用されました。かなり福祉的に、高齢者の外出機会をつくる取り組みのなかで、飲食っていうものがどういう背景をもつべきかっていう読み取りからやりました。

まずは、三条市はもともと社長が多い街なんですが、その有能な人たちが全員、高齢者になっているっていうことに気がついて。そのなかで、60歳になってから沖縄で出会ったウコンを持ち帰り、25年かけて地元での栽培に成功して、その地域にウコンの生産者が増えたっていう実績をつくったおじいちゃんに会ったんですね。生産者がみな高齢で供給が先細りなこととか、高齢者が健康食品として食べていることとかがこの地域のウコンの現状だったんだけど、より若い人たちに新鮮かつ楽しい気持ちでウコン＝ターメリックを食べてもらうためのスパイス料理をつくったらどうだろうっていうアイデアが、その出会いから生まれました。

スパイスのようにいろんなものが混ざり合うことで新しいものが生まれていくっていう背景は、おそらく新しい公共を考えるときにすごく重要になるだろうと思っていて。いろんな人がその場所で混じり合い、街に新しい風味が自然と香り、にじみ出していくような、そんなきっかけづくりを意識してやっています。

――「スパ研」では「あさイチごはん」という朝食の提供もやっていますよね。

朝ごはん事業自体は以前からあった、高齢者の外出を促して健康寿命を延ばすっていう目的の三条市の取り組みでした。じつはこれがとんでもない赤字事業だったんですけど、取り組み自体はとてもいいと思ったので、仕組みから立て直しをして、「スパ研」の動きとともに再生したんです。「スパ研」の隣には600年も続いている朝市があるんですけど、朝市の人たちに食材の使い方を訊いて、朝市の新鮮な食材を使った定食を出しています。いまでは朝ごはんにも朝市にも、高齢者だけでなく、観光

PICK-UP

客や地元の子どもたちも集まるようになりました。地域で生きていくことに世代を超えて意識的になれるような未来に拓けた地域活動を、どこまで情報として飛ばせるかっていうのが私たちの役目になっています。

私自身も、いつか高齢者になったとき、どんな街で過ごすんだろうなあっていう意識が芽生えてきて。それは、街を自分ごととして考えるきっかけになるし、若い世代がそのことに気がつく機会になるんではないかと思って。小さな飲食店をきっかけに、自分の暮らしや街について立場を超えて一緒に考える機会が増えて、地域の取り組みが少しずつ意味あるものに変わっていくならなんでもしますっていうのが、私の役どころです。

それを知らずに世界を語るのか

——そのための手段、アウトプットまでの見えない部分のアイデアって、どこからヒントを得るんでしょう？

いちばんは、人とのつながりや出会いかな。もともとあ

るもの。新しいものじゃなくて、自分が知らなかった足元にあるものを知るようにする。世の中っていま、超個人主義の世界に変わってきてるじゃないですか。最後は脳だけで生きていくようなところまでいっちゃうかもっていうくらいに。だけど人間は本来、人と人との関わりがないとやっぱり生きていけないはずなんです。それがぐるっとまわってくるタイミングが、おそらくすぐにくるんじゃないか。そのときに、コミュニティとは、つながりとはっていうところを明確にしておかないとダメだろうなって。

暮らしの知恵って私がよく言うのは、だからなんです。ていねいに暮らすおじいちゃんやおばあちゃんを人生のお手本に学ぶ人が、もっと増えればいいなと思っていて。学べるものはやっぱり多いから、早くいろいろなことに気がつきたい。

だからおじいちゃんやおばあちゃんの話はすごく聞きます。あとはとくに農家さんですね。彼らはコミュニティのなかで生き、いまもこれからもそれが必要なんだと明確に知っているから。たとえば「子どもの分際」ってどういう意味か知ってます?

——ああ、「子どもの分際で!」って叱ったりしますね。

そうそう。でもね、農作業のときに、手が届かないとか、力が足りないとか、子どもだとどうしてもできない作業っていうのがありますよね。それを目の当たりにすることで、自分の立ち位置を知るっていうのが本来の意味なんですって。誰かが支えてくれなければ解決できないことがあるということを、地域のつながりのなかで知る。自分の立ち位置を理解して初めて、自分のいまできることに謙虚に取り組むことができる。それは、それぞれの立場で支え合うってことですよね。

農家さんにそう教えてもらって、すごくいい言葉だと思って、私も子どもたちに話したりしますけど、実体験が伴っていないとなかなか理解できないことも事実。結局、経験していないことを頭で考えて決めつけて、私たちは何も知らずに世界を語ってしまいがちじゃないですか。農家さんとかおじいちゃんやおばあちゃんはほんとに知恵の塊で、いろいろ教えてくれる。その言葉さえ聞いてれば死なないだろうっていうか、なんとかなるっていう気がします。

ひとしずくの、やさしい革命

――あゆみさんがやっていることって、水面にポチョンってしずくを落として、思わぬところにまで波及させていくようなことなんですね。

まさに！　だから私の個人の屋号は、「foodrop」っていうんですよ。

――なんと！　それは私の読み取り力が鋭かったのか、あゆみさんの正確な説明の賜物か（笑）。それにしても、思惑以上の効果が多く発生しそうな仕事ですよね。

そうなんです。自分の想像を超えていくことが、自分以外の誰かによってつくられていくっていうのは、とって

もおもしろい。

その波紋が広がるほどに、効果は大きいと思うから。でもその軸になっているのはほんとに小さなひとしずくだから、それはできるだけ派手にしないように注意してます。派手なことやっても世の中変わらないからね。まあ、嵐を呼ぶ女とも呼ばれるんですけど(笑)。

——派手だと、刹那的なインパクトはあるけどね。

でも、そのぶん反論もあるし。無理に大きなことはいたしませんし、新しいものもつくりません。そういうバランスをとれるのが、女子的な働き方なのかなあ。私、実績や取り組みの情報から男だと思われていることも多くて、実際お会いするとびっくりされるってことが多いんですけどね。

——それはわかる気がします。方法論が大胆だからかな。ただ、けっして男まさりというわけでも、キャリアウーマンふうというわけでもないよね。

うん、白いパンツスーツとか着ないしね(笑)。私はただ、とてもやさしい革命を起こしたいんです。

山倉あゆみさんの“仕事の相棒”

誰かの夢

「私の仕事って、ものがいらないので、すごく燃費がいいんですよね。唯一、絶対に必要なのは、誰かの夢や希望、ですね。それがないことには、私の仕事は始まりません。私自身はあまり何もしない人間なので、お声がけがなかったら家のソファに座ってるだけだと思う(笑)。そのくらい、自分がやりたいことっていうのは全然ないんです。誰かがやりたいことを叶える手助けが、私のやりたいことなんです」

地球に生きる私たちの本質を洗い出す

杉山開知さん

地球の上に立ちながら、意識は空を飛び越え、宇宙の彼方へ。
たったひとりで追究し続け、研鑽し尽くした先には
世界中の誰とでも共有できる道具ができ上がっていた。
生き物として本質的な時間を手にできるそれは、「地球暦」と命名された。

名前

杉山開知

仕事

アース関係

この仕事を始めたきっかけ

ワールドレコード樹立

すぎやま・かいち

1977年、静岡県出身。アルバイトで経験した時間についての極まりと、疑問をもったら追求し尽くす元来の性格により、2004年から暦の研究を始める。2007年、地球人であれば誰もが理解できて使える「地球暦」(＊)を考案。現在、静岡県の中学校で地球暦が採用されている他、山形県・つるおか食文化市場FOODEVERや、愛知県・安城市文化センタープラネタリウムのホワイエなど公共の場での常設展示も。

heliostera.com

＊太陽系時空間地図。宇宙の太陽系の惑星である「地球」にいる自分が、いまがいつで、どこにいるのかがわかる暦で、民族や国を超え、地球人であれば誰もが理解でき、共通して使えるのが特徴。時代的思想や政治目的に左右されることなく宇宙の理を提示している点で、根本的でありながら画期的な発明。

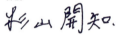

Åre

右のことを左と言い

――職業を訊かれたら普段、なんと答えていますか？

その質問がいちばん困る(笑)。建前的には、自営業とか、自由業とか。作家って言ってみるときもあります。

――職業といえるかどうかは別として、私が思う杉山開知とは「考える人」。名前どおり〝知〟を〝開〟くイメージです。考えて、考えて、考え抜くという性質は、子どものころから？

すごく鮮明に憶えてるのが、小学校3～4年生のときの算数の、台形の面積を出す公式。(上底＋下底)×高さ÷2って教わるんだけど、本当かなあ、もっと他のやり方があるんじゃないかなって疑問に思って。その授業は1時間で、みんなはどんどん先に進んでいっちゃうんだけど、僕はそれについて1ヶ月考え続けていた。

――成績はよかったの？

うーん、どうだろうか。これ、僕の小学1年生のときの通信簿なんだけど、先生のコメントを読みますね。「1学期には右のことを左と言い張ったりして納得してくれず、ずいぶん困りました」(笑)。

――すごい。右は裏から見たら左なんだって、いまでも講演なんかで話してますもんね。

3年生の通信簿。「自分なりの根拠をもって考えを述べることができます。算数の掛け算の学習ではいままでの知識を活かして、計算の意味を考え出そうとしました」。

――計算の意味を！　まさしく〝開知〟だねえ(笑)。もっと考えたかった、そして納得したかったんですね。

4年生は「4時間目の算数の時間に始まって、給食の時間も惜しみ、昼休みもすべて使って、単位の計算の仕方をひとりでずっと考えていました。4と5／11を、6と1／5に直そうとずっと考えており、友だちがやり方を教えてくれたのですが、自分の方法でやることに夢中でなかなかその方法を取り入れませんでした」。

――うわあ、頑固な開知少年が目に見えるようだ(笑)。

ゴー！　ウィ・キャン・ドゥ!!

小学校のときはまだ勉強が楽しかったんです。自分でいろいろものを考えられたから。でも、そこから先はわりと、覚えてテストするっていう作業になるじゃない？　それがものすごく苦痛で。

——地元の高校を卒業して、音楽の専門学校に入学するために上京したんですよね。

まあ、いわばドロップアウトして音楽の専門学校に行ったわけです。だけど、同級生が音楽の仕事を請け負い始めたりしてプロみたいになっていくなか、僕は自分が思う何かにはなれなかった。いろんなことに興味があって、あんまり音楽に集中してもいなかったし。で、卒業後も就職せず、ずっとやってたピザ屋のバイトをそのまま続けていました。

——「ドミノ・ピザ」でしたっけ。

そう。何をするにもすごい分厚いマニュアルがあって、その膨大な仕組みを覚えるのにすごく興味があって。ピザ屋のバイト自体は高校生のときからやっていたから、その時点でキャリアがかなり長くなっていて、アルバイトながらも社員の業務ができるポジションに昇格したんです。そうすると、アルバイトの子を自分で面接して採用して、教育もできる。つまりお店をハンドリングできるようになる。

——20歳くらいのときってこと?

うん。で、とにかくマニュアルがすごくて、特殊部隊みたいにトレーニングさせられるの。配達のバイクも適当に走るんじゃなくて、どこでブレーキを踏んで、どこでウィンカーをつけるかまで、細かく全部決まってる。

——へえ! 当時は「注文から30分以内でお届け」という謳い文句がセンセーショナルで、宅配ピザの花盛りでしたよね。

なかでもいちばん大変だったのが、年末年始の銀座の、御用納めが重なるとき。電話は鳴りっぱなしで、とてつもない量のオーダーが入るわけ。で、銀座店に全国から精鋭が集められるんです。

――その日、開知くんも助っ人に入ったんですね。

バイクを40～50台集めてきて、大量のチーズを確保するために保冷車まで借りてきて。1秒1秒のオペレーションが命がけみたいな状態。配達に出たバイクがモニターに出ていて、何時何分に誰がどこを走っているかがわかる。いまみたいにGPSはないから、オペレーターが地図も番地もルートもすべて暗記していて、配達から帰ってくる時刻を予測して逆算して、次の配達を組む。まるでF1のピットインみたいに。誰かが何かひとつミスすると、すべてのオペレーションが少しずつ狂っていってしまう、そういう究極的な時間と空間の緊張感。

そうそう、こないだわりと新しくできたドミノに行ったら、当時のスピリットがなくて、ほんとぬるい！って感じだったよ(笑)。僕にとっては1枚つくるのに真剣だったっていうかさ。チーズを1回できっちり56グラム撒くために、みんなで朝練やってたからね。ストップウォッチ持って「プレッシャー、プレッシャー、プレッシャー！ゴー!! ウィ・キャン・ドゥ!!!」って(笑)。

——まだ完全に再現して言えるし（笑）。

で、その日の銀座店は、「ドミノ・ピザ」史上で最も売れた店舗になったんです。

——しかも世界で、ですよね。

そう。ワールドレコードを樹立して、やったー!!って。いままでの努力が実った、やったかいがあった！って。それでまた自分の店舗の日常業務に戻って、ふと……この先、これ以上、どれだけのピザを焼いたらゴールにたどり着くんだろう、と（笑）。

——極限までいって、燃え尽き症候群になってしまった。

毎月、毎月、月報を出すんだけど、今月はこれだけ売ってくれ、来月の目標はこれだって、先月までのことはなかったようになっていっちゃう。ただ働き、ただピザをつくり、僕らの足跡は何も残らない。仕事自体はすごくやりがいがあったんだけど、なんのために俺はこれをやってるんだという、根本的な思いに駆られちゃったんだよね。

素朴で壮大な疑問の始まり

それで結局、ドミノは辞めてしまった。やることがなくなっちゃったから、海外に行ってみようかなと思って、2～3ヶ月間だったかな、タイ、バリ、オランダ、ドイツ、フランスをひとりで放浪したんです。きっとこの旅が終わるころには僕のやりたいことが見えてるにちがいないって、自分の道を探しにね。

でも結局、やりたいことなんて全然見つからなかった。

帰国して、仕事もない、お金もない、目標もない。音楽の夢も挫折してしまっているし、全部から逃げてはみたものの、自分のなかの出口がない、みたいな。

——22〜23歳くらいのときですね。

ひとり暮らしの東京の部屋に戻って、タイで買ってきたハンモックを真冬のベランダに吊るして、やるせないような気持ちで揺られてたんだよね。そのときにほんとにたまたま、部屋のなかのちょっとあいてる襖の隙間にノートパソコンが立てかけられているのが見えた。じつはその少し前に親父が亡くなっていて、形見のノートパソコンを僕がもらっていたんです。それは記録魔の父が入院先で何かをこまめに打ち込んでいたもの。きっと人が死に向かっていく最も辛いところを克明に記してあるんだと思って、それまで僕は読んでみようと思ったことがなかった。

でもなぜだかそのとき、ふとその気になって電源をつけてみたんです。そしたら、そこにはたしかに闘病の記録

もあったんだけど、でもそれ以上に、将来の道筋みたいなことがびっしりと書かれていた。独立して会社を興したいとか、孫ができたら家を建てたいとか。明日死ぬかもしれないのに絶対にこれをやりたいっていう親父と、時間があり余っているのにやることのない自分との、大きなギャップ。それを感じた瞬間、実家に戻ろうと決めました。

それで、大黒柱を失って荒れ放題のままになっていた、うちの畑や山に手を入れ始めたんです。何しろ時間だけはたっぷりあったから。でも身に染みついちゃってて、ドミノ時代の習性が（笑）。この木を伐るのに何分かかるかなとか、この面積をどのくらいの効率で片づけられるかなとか、畑にいながらも考えてたわけ、〝畑違い〟のことを（笑）。

作業していて、夕方になると街の明かりが灯るじゃない？　そこに新幹線がビャーッと通っていく。そんな風景を見ながら、世の中が動いているアルゴリズムと、自然のなかのライブリズムの対比を感じずにはいられなかった。だって、時間を気にしているのは人間だけです

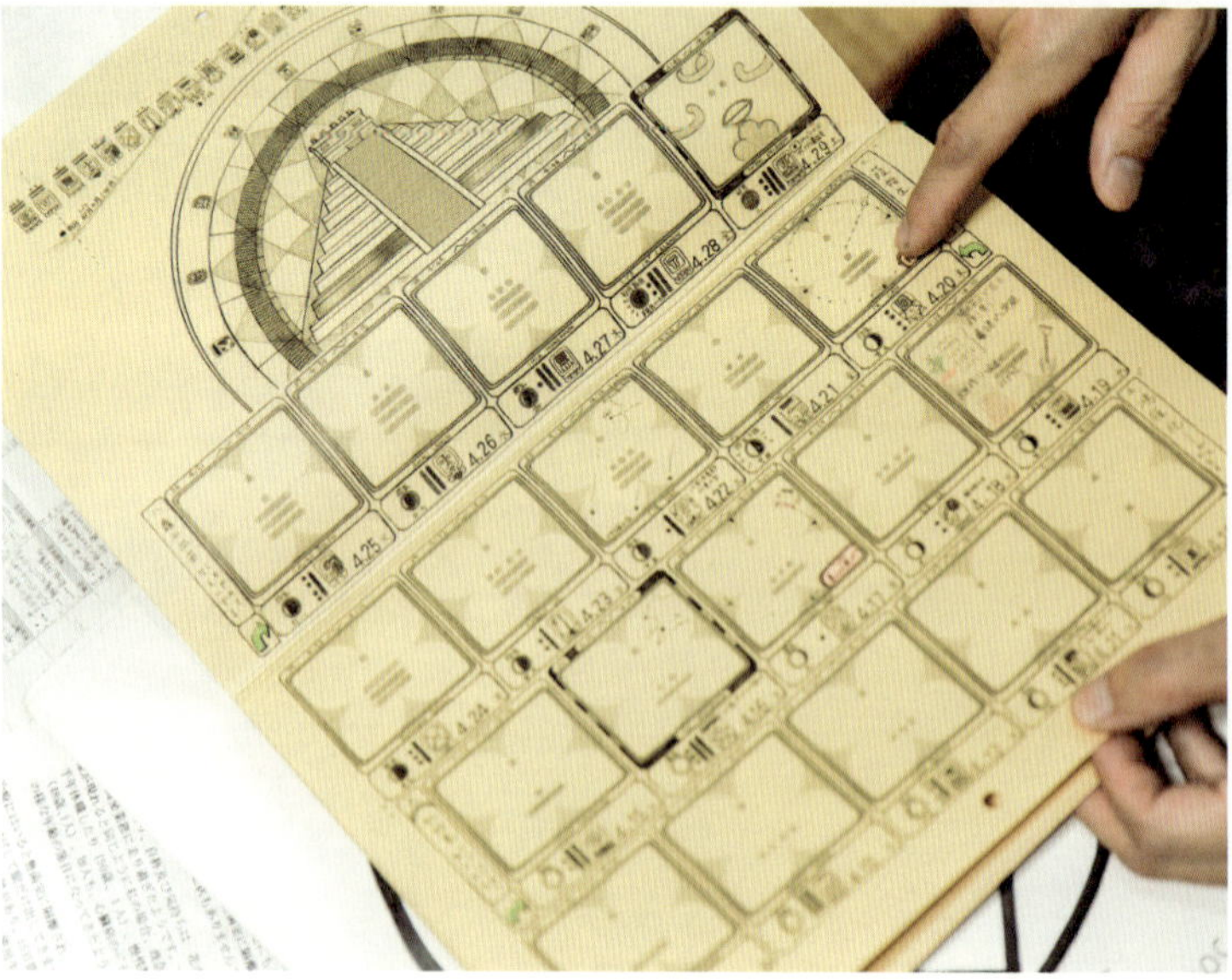

よね。生きるってなんなんだろうなあ、仕事ってなんなんだろうなあとか、そこですごい考えちゃったんですね。

みんながわかるもの

――両極端の状況に身をおいたことで、まさに身に沁みたんですね。そこで〝時間〟の実体について考え始めた。

そのころ、1年を13ヶ月と考える「13の月の暦」を教えてもらって。それまでは西暦しか知らなかったから、違うカレンダーパターン＝時間の計り方が存在するっていうこと自体が僕にとってすごいセンセーショナルなことだったの。たぶんきっかけはなんでもよかったと思うんだけど、とにかく、いまのこの社会を動かしているアルゴリズムとは違うパターンもあることを知ったというのが重要だった。

――それで、自分なりに仕組みを解明しにかかったわけですね。

最初は、もしかして月や宇宙のリズムと自分がシンクロしてるのかなと思って、とりあえず自分の行動を時刻ごとに細かくモニターしてみた。まだ何がどうつながっているかわからなかったから、とにかくひたすらメモることから始めていって。調べて、考えて、書いて、3年くらい探求し続けました。

それから、メキシコに行ったんだよね。「13の月の暦」の起源は、古代マヤ暦にあるから。先住民で唯一、マヤ暦の伝承を受け継いでいるイッツァ族の長老に話を聞くために。

――時間とは○《マル》と□《シカク》であるということ、数万年単位のロングカウントで時を計っていること、すべてはピラミッドに表現されていて、それは社会システムであり、宇宙的教育であり、生き方であること……。このあたりの話もとてもおもしろいんですが、それだけで一冊の本になっちゃうくらいなので、ここでは割愛しましょう。

その、マヤの人たちの時間に対する考え方が凝縮して描かれているピラミッドの設計図を見せてもらって、衝撃を受けて。お願いして、書き写させてもらったんです、写経みたいに。帰国の日を延ばして、1週間くらいかかったかなあ。

それでね、メキシコの最後の日に、満月を見たの。で、十何時間移動して日本に帰ってきて、静岡に戻る新幹線の車窓から、地球の裏側で見ていた月をまた見たときに、いままで自分が考えてきたカレンダーパターンがリセットされて、先住民と現代人の間に、いま自分がいる感覚がしました。それから3年間は、寝ても覚めてもピラミッドのことばかり考えていましたね。

その間にメキシコの長老にも何度か会いにいったりしつつ、自分なりにマヤ暦の理解を深めていって。それで、壁かけタイプのマヤ暦を100部ほど、手描きで自作したんです。マヤ暦はものすごいものだと思っていたから、それを人に伝えたくて、友だちにあげたりして。でもね、僕の情熱だけじゃ、なかなか伝わらない。

――そう簡単に理解できるようなものではないですね。これは、なかなか。

しかも西暦しか知らず、それがいったいなんなのかって考えたこともない人に、これが超古代のカレンダーパターンなんだっていきなり主張しても、なんのリアリティもない。いってみれば、古い時代のOSをいまのPCで扱えないようなずれと限界を感じてしまった。こういったものは、みんなが同じものの見方をしていないと理解されにくいんだな、と。であればまず、地球が太陽系を365日で1周して、月のめぐりがあって、というみんながわかる前提を提示することが必要だろうって。それで2007年の秋から冬にかけて「地球暦」というのを考え始めたんです。

——マヤ暦を理解する助けになるものとして、「地球暦」をつくり出したんですね。

すべての人が等しく使える道具として

——とにかく対象にとことん没入してしまうんですね。ものすごい凝り性というか。

僕はひとつを集中してやりたいタイプだと思う。誰に頼まれているわけでもないんだけどね。それに、ひとりになることもすごく重要。必要なときは、鍵もかけて、ケータイも切って、ブレーカーも全部落として。自分の気配も消したいから。

——自分の気配さえ邪魔なんだ！

すごく繊細な作業をするときって、まわりの環境も自分の心のなかも、ざわざわしてたらできないじゃない？　俺がやってやろうっていう気持ちでも、できない。自分の実存的な部分を消すようにするというか。とくに地球暦は〝地図〟だから、自分を極力消す必要があるのかも。仏師のイメージとも近いかもしれない。

——そんなに長く集中して考え続けるなんて、私はできないなあ。

基本的には、わからない悔しさが原動力になっている。

僕、まわりにはわりと温厚なんだけど、自分のなかにはちくしょう！みたいな激しい思いがあるんです。地球暦を発案したころはとくに、葛藤と迷いって感じだったんですよね。

——いまは、その葛藤や迷いはもうない？

ない。すごくすっきりしています。いまはむしろ、必要なことだけみんなに伝えればいいかなと思っていて、要

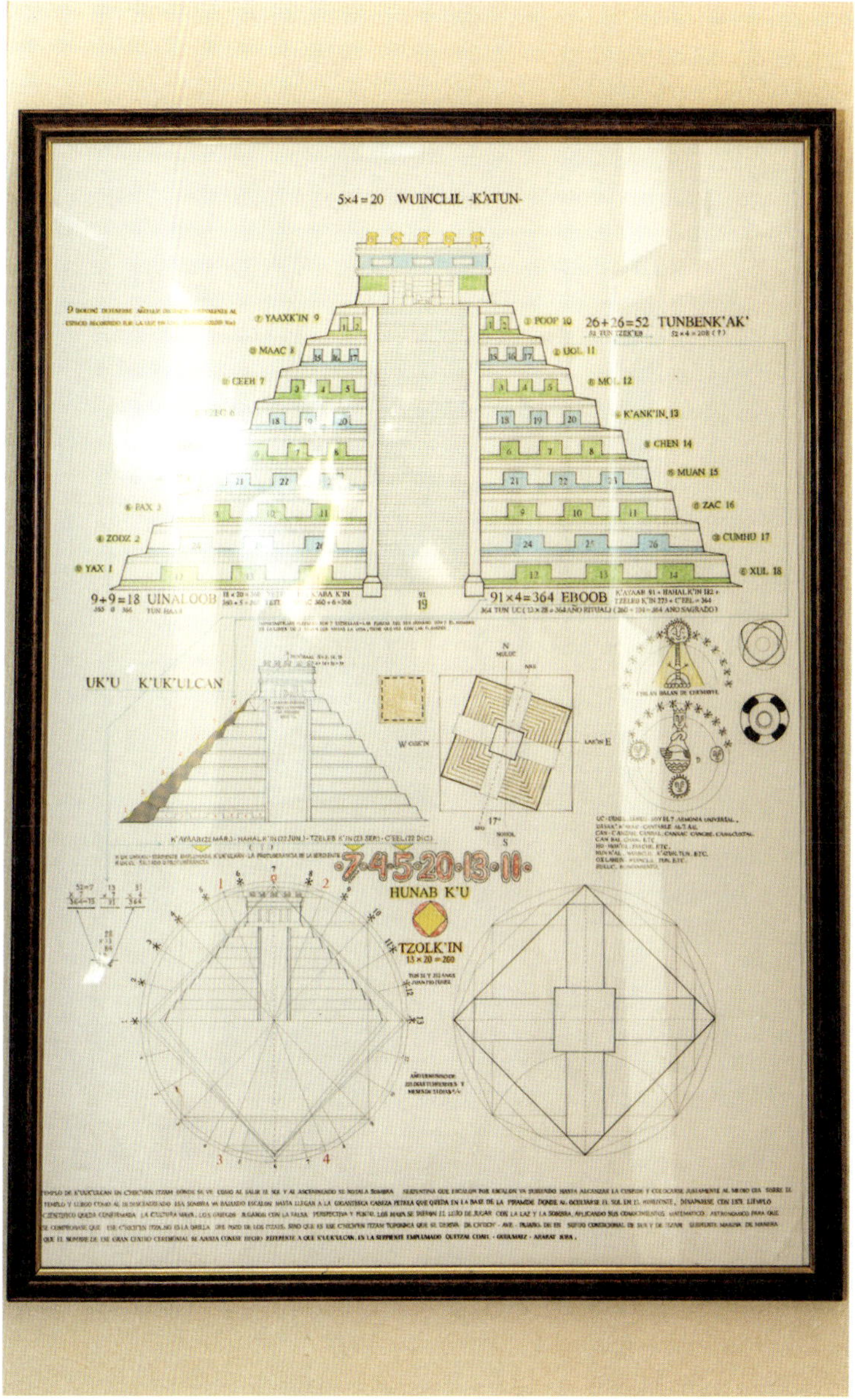

5×4=20 WUINCLIL -K'ATUN-
26+26=52 TUNBENK'AK'
YAAXK'IN 9
POOP 10
MAAC 8
UOL 11
CEEH 7
MOL 12
K'ANK'IN 13
CHEN 14
MUAN 15
PAX 3
ZAC 16
ZODZ 2
CUMHU 17
YAX 1
XUL 18
9+9=18 UINALOOB
91×4=364 EBOOB
UK'U K'UK'ULCAN
7·4·5·20·13·11
HUNAB K'U
TZOLK'IN
13 × 20 = 260

素をなるべく削いでいく方向に移行しています。地球暦を使っている人たちがそれぞれに、私にとっての地球暦はこうですって、自分の人生の物語のように伝えてくれ始めている。こないだも中学生が大人に教えてる姿を見たりして。まだまだこれからみんなに使ってもらって深めていってほしいっていうのはあるけれど、地球暦ができて10年、ベースはできて、僕のなかではひと区切りついた感じがしています。

――たしかに、マイナーチェンジとチューンナップはしているけれど、スタイルは完成した感じがありますよね。

いまのところ地球暦は手描きでつくっているんだけど、天体位置をフリーハンドで表現するっていうのはそもそも無理なんだよね。いまは超気合いで描いてるんだけどさ（笑）。で、今後は自動描画になっていくと思う。そしたら、各国のタイムゾーンに合わせてつくることもできて、どのエリアの何年の地球暦、なんていうのもつくれちゃう。

そのためのプログラム自体は、じつはもう完成しているんですよ。ARやVRやAIを使って、歴史や統計のマスデータなんかもすべて地球暦にたたみ込む。そうすると、いままでみんなが時系列を直線的に考えてきたことに対する変化のヒントになる。いつかそういうときがくるんじゃないかなと思ってるんです。

SNSなんかもそうだけど、タイムラインはたいがい直線だもんね。ああいうものも、地球暦的な円＝サイクルで捉えるとすごくおもしろくなると思うんだ。でもたぶん、遅かれ早かれそうなるんじゃないかな。こんな知的生命体が単一のものさし（西暦）で社会をつくってること自体が不思議だもの。

――多くの人がそれを疑問にすら思っていないっていうのがまた不思議ですよね。

そうそう。人類が外側から地球を見られるようになった段階で、地上から天を追いかけていたときの考え方とは変わっているはずなんです。地球暦的なフォーマットなら、思想も民族も関係ないし、人間だけでなく、虫でも鉱物でも、地球に暮らす生物すべてで共有できる。自然の時間と人間の時間を両方見られることには、きっと何か可能性があるんじゃないかなと思っているんです。そして、時計でもフライパンでも、みんなが当たり前に使っている道具は、もはや作者が誰だかわからないほどに浸透しているでしょう。地球暦もいつか、そういう存在になればいいなと思っています。

杉山開知さんの“仕事の相棒”

アース（接地）と海

「僕にとって、アースはへその緒、海は胎内みたいな感じかな。海にはよく入ります。自分を発散したり、リセットしたりするときにはとくに。PCのアースをとって放電させるようにしたらとたんに体調がよくなったのをきっかけに、いまは部屋や車といった空間単位も炭で囲ったりしてアースをとっています。自分の体と地球の電圧をなるべくイコールにすることが僕にとって最も重要。地面に接することで地球とこんなに簡単につながれるなんて、灯台下暗しだよね」

自らの純粋な気持ちにどこまでも正直なものづくり

ワランワヤン　土屋由里さん

バリで初めて会って以来、バリを訪れることと彼女に会うことはイコールになった。
あの灼熱の陽射し、鬱蒼とした緑、湿気を帯びた熱気とすべてを洗い流すスコール。
そうしたバリのムードをたたえつつ
遠く日本にいる私たちの心を捉えるプロダクトを生み出すのだ。

名前

土屋由里

仕事

雑貨屋

この仕事を始めたきっかけ

姉とその仲間たち

つちや・ゆり

1971年、東京都出身。武蔵野美術大学短期大学部卒業。2000年、「ワランワヤン」として活動をスタート。2003年に拠点をバリに移し、現地の手仕事を活かしたものづくりをしている。素朴と洗練を絶妙にもち合わせたオリジナルプロダクトは人気で、バリ・ウブドに自身の店を構える他、日本のみならず他国にも商品を卸している。

warangwayan-indonesia.com

warang
wayan

本物に触れまくる

——ものづくりに対する興味はいつごろ芽生えたんでしょう？

私が中学2年生のとき、3歳上の姉が美術大学に進学したいということで、美術予備校に通い出したんです。予備校の話を姉から聞くのも、姉の友人たちが家に泊まりにきてみんなで課題をやったりしているのを見るのもおもしろくて。彼らが話していることも、聴いている音楽も、いままで全然知らなかった世界ですごく魅力的だった。服装も個性的で、古着なんかをうまく工夫して自分だけのおしゃれをしていてね。

その影響が大きくて、中学を卒業するころにはファッション系の仕事をしたいと思うようになってた。でも高校はまちがえて進学校に入っちゃったんだよね。私、勉強ってそこそこどころか、まったくやらなかったから超！浮いてた(笑)。

——クリエイティブそのものというより、その世界観に惹かれたんですね。

それで結局、武蔵野美術大学の短大の、デザイン全般を広く学ぶ生活デザイン科っていうところに入学したんです。いちばん楽しかった授業は〝アートマネージメント〟。アーティストと社会の間に立つっていうのが興味深くて、卒業論文のテーマにもしたくらい。だから卒業後は大学に紹介してもらって、ギャラリーに就職しました。そこは人間国宝の人がつくった作品を扱うような老舗の工芸ギャラリーで、オーナーは目利きであり、パトロンであり、顧客は大企業の会長さんや社長さんで。

——入り口はファッションだったけれど、美大に通ううちに興味の対象がスライドしていって、さらにはそのギャラリーに就職したことで工芸に目覚めちゃった。

そうなんです。学生時代に憧れてたのは、いわゆる前衛的なアートのキュレーターだったはずなんだけど。同じ時期に入社した同世代の女子3人で仲よくなって、休日には青春18きっぷを買って、備前や益子なんかの窯元めぐりをしていました。20代前半の女子旅にしては渋いでしょ～（笑）。

――民芸が流行っているいまだったらわかるけど、90年代当時はDCブランドブーム全盛だから、さぞ時代に逆行する娘たちだったことでしょう（笑）。

それもあってか私たち、作家さんたちにずいぶんかわいがってもらって。1客何万円もするような自分の器が使われている料亭に連れていってくれたりして、大人の世界を垣間見させてもらった！って感じ。オーナーも、何十万もするお茶碗とか、いいものをとにかくどんどん触らせてくれて。本物を使わないとわからないからって、休憩のときに飲むお茶でも作家さんのいい器を使わせてくれていたんです。割ったらちょっと怒られるけど（笑）。あのときの経験はいま、とても役に立ってると思います。

初めてのバリと「ワランワヤン」の誕生

でもそうやって作品に触れているうちに、自分でも何かつくりたいって思うようになったのね。それで、東京テキスタイル研究所っていうところに通い始めたの。織物の基礎コースの他に、糸紡ぎや草木染めや、いろんなクラスがあるんだけど、そのなかにインドネシアの絣《かすり》（イカット）のクラスっていうのがあって。

じつは私の叔父がインドネシアの研究者だったんです。だから家にはお土産でもらったバティック（ろうけつ染めの布）が飾られていたし、インドネシア語が話せるいとこがいた。私にとってインドネシアって身近な存在だったから、その絣のクラスを自然と選択したわけ。

――行ったことはなかったけれど、親近感があったから。

ちょうどそのころ、友だちと初めてバリに行ったんです。3週間の旅だったんだけど、ここでも若い女子らしくビーチに行くとかはせずに、いきなりウブドへ。とってもいいところだなあって思って。当時はもっと素朴でね。田んぼがたくさん見えてたし、夜になると真っ暗だったし。いまから20年以上も前だもの、バリ全体がほのぼのしてた。

で、25〜26歳のときかな、ギャラリーの仕事を辞めてからもテキスタイル研究所には通い続けていたんだけど、やっぱりまた働こうと思い始めたころに、友だちが勤めていたお店に遊びにいって。

——「サボア・ヴィーブル」（東京・六本木のアクシスビルにある工芸&アートのセレクトショップ）！

そう！　ギャラリースペースもあって、陶芸品やアンティークのものなどを販売していました。私がそれまで知っていた陶芸といったら、ほんとにザ・工芸って感じで高価なものだったんだけど、そこで扱っていたのは、作家ものなのに買いやすい価格帯で。オーナーの感性でつくられた空間もすごく新鮮で自由な感じがして、ここで働きたい！って。ちょうどアルバイトを募集していて、めでたく働けることになったんです。

——そこで由里さんの仕事のパートナーとなる、石田雅美さんと出会ったんですね。

マチャミとは1ヶ月違いでお店に入ったんだけど、すぐに意気投合したなあ。

それまでもインドネシアにはしょっちゅう行っていたんだけれど、サボアで働き出してからも、年に2度は長期

休暇をもらって通い続けてた。研究所の先生にくっついて、ティモールとかカリマンタンとか、バリ以外の島にもちょこちょこと。インドネシアは各地にいろんなテキスタイルがあるので、それを見るのと、大好きなウブドに滞在するのが目的で。

一方、アフリカの虜だったマチャミは、やっぱり長期休暇をとってはアフリカに行ってた。私たちのそんな行動を許してくれていたオーナーが、現地で何か買ってきてここで売ればいいじゃないって言ってくれたの。つまり、バイトの身でありながらバイヤー的な仕事をさせてくれたわけ。自分が選んできたものを誰かが気に入って買ってくれるって、すごく嬉しいじゃない? で、そこで働いて貯めたお金でまたインドネシアに行って……という循環がとても楽しかった。

でも30歳になる目前でふと、このままでいいのかなと思ってしまった。それで、バイトではなく、自分の仕事として好きなことをふたりでやろうよってマチャミと相談したんです。まずはおのおの100万円ずつ資金を貯めることにして。最後は弁当屋やガードマンの日雇いバイトまでやって、目標額達成まで必死にがんばったなあ。

行商のおばちゃんよろしく

——ついに「ワランワヤン」の誕生だ。その資金を元手に、具体的には何から始めたんですか?

ふたりでモロッコに買いつけに行きました。はじめはアフリカのつもりだったんだけど、アフリカのものって買い手があんまりいないねってことになって。すごくいいんだけど、プリミティブすぎて。

——雑貨の扱いとしては、難しい。

うん。それでヨーロッパのエッセンスが入ったモロッコの雑貨がいいんじゃないかってなったんです。バブーシュなんてこんな臭いもの売れるのかなってはじめは懐疑的だったけど、ほどなくして臭くてもまったく関係なし! みたいにブームがきちゃった（笑）。置いてるだけですごいにおいじゃない？

——うちの犬、食べちゃったことあるもの。

犬は大好きだよねえ（笑）。まあとにかく、バブーシュからバスケットから、自分たちがいいなと思ったハンドメイドのものを見つけては買っていったわけ。

——「ワランワヤン」としてどんなものを買うかという話し合いやテーマはあったんですか？

うーん、とくには。話す以前に、お互いに選ぶものはわかっていたから。好みって人によって違うのは普通は当たり前だと思うんだけど、不思議なことにマチャミとは限りなくそれが近かったんです。だんだん共有されていったものではなくて、はじめからそうだったんだ。

——買いつけてきて、そのあとは？

それまでもフリーマーケットに出品したりしたことはあったけれど、自分たちの店をもっているわけでもなく、販売する手段がわからなかった。そしたら友だちがホームページをつくってくれて。

——ネット通販がまだ普及してないときですよね。

2000年代初頭だったかな。その友だちも早くに目をつけて、ホームページ制作のノウハウももってて、これから絶対こういう流れがくるからって。だから、オンラインショップを始めたら忙しくなって旅行なんて行けなくなるぞ！って張りきってた。

それなのに、あれ？　全然注文がこないな、みたいな(笑)。これは自分たちで営業しなきゃいけないということで、買いつけてきたものをたくさん抱えて、行商のおばちゃんみたいに原宿界隈をウロついて。「Zakka」(原宿にある老舗雑貨店)が取り扱ってくれることになって、すごい嬉しかったなあ。いまだにお世話になっています。

――最初はそうやって卸し先を地道に増やしていって、いまでは海外にも取り扱い店があるし、「マーク ジェイコブス」や「ブルガリ」といった名だたるブランドからも声がかかるようになったんですね。他人事ながらまったくもって感慨深い（笑）。

風呂とトイレと結婚と

最初は現地に行って、すでにあるものを買いつけていただけだったのが、そのうち、オリジナルまでいかないけど、色違いやサイズ違いをオーダーするようになって。でも、滞在している間に注文した品ができ上がってくるわけではなくて……。

――そうか、そのときはまだ住んでいないから、滞在期間中にすべてを済ませなければいけなかったんですね。

そうなんです。しかもサンプルと違うものができてくることも多いから、フラストレーションが溜まってしまって。当時はまだ込み入った話ができるほどインドネシア語も話せなかったので、自分の側に立ってくれる現地の人がいたらいいなと思っていたところに、いまの旦那と出会ったんだよね。

――しかも、ローカルにしては珍しいセンスをもっているという。

うん。インドネシアの人は往々にして飾り物が多いのが

好きなんだけど、彼はシンプルなものが好きで、私にとってはそれもすごくよかった。で、親しくなり、つき合うようになり、結婚しようってなって。それなら、まずは一緒に暮らしてみなければ本当のところはわからないな、と思って。

それで、ウブド郊外にある彼の村に私も住みたいと言ったんです。私、幼少時代に数年間、山口県に住んでいたことがあるから、田舎暮らしにはあんまり抵抗がなかったんだよね。そしたらお風呂もトイレもなくて、川しかないよって。でもさすがにそれはちょっとってことで、簡易シャワーと洋式トイレをつくってくれて。

——結婚するにあたって風呂とトイレをつくってもらったっていう人、初めて聞いた(笑)。

でもね、そのときの彼は、自分の部屋をもっていなかったうえに、自分のすべての持ち物がカラーボックスいっぱいにも満たないくらいしかなかったの。それを見て、ものにあふれた生活をしている自分がなんだか嫌になってしまった。ああ、私ももっとシンプルに暮らしたいなあってすごく思ったんですよね。彼だけでなく、バリの人の暮らしを見ていると、宗教に生きていて、よけいなことであんまり思い煩っていないっていうか。そういうことに感じ入ってしまった。

それで結婚したら、わりとすぐに妊娠して。私はバリ、マチャミはモロッコと行ったり来たりしつつ、東京で一緒に仕事をやる予定だったのが、これは腰を落ち着けなきゃということで、バリに移住したんです。

——結局そのあと雅美さんもモロッコに移住したから、「ワランワヤン」は基本的に離れ離れのユニットで、それぞれの地でそれぞれのものづくりをすることになった

んですよね。

そう。新しい取引先のことやイベントに出るときなどは相談し合うけど、ものづくりに関しては完全にそれぞれでやっています。マチャミのプロダクトを見て、かわいいな、いいものつくってるなってびっくりすることはあっても、どうしちゃったの？みたいな違和感のあるものはいっさいなく。そこは信頼関係が確固としてあるんです。

──ところで由里さんは、バリのどんなところが好きになったの？

緑がもりもりしてるところと、目にするものやことが、やさしい感じがするところ。バリ・ヒンドゥーってほんとに独特じゃない？　人々が神さまにお祈りしてる姿を見ても、普通にバイクに乗ってる姿を見ても、生きて、生かされていることを日々感じてしまう。

――バリも東京も、どちらも好きだと言ってましたよね。

うん。のんびりしたバリと、忙しい東京と、どっちもあるのが私にはいいみたい。東京もやっぱりすごい。自分の予定したとおりに行動できるからね（笑）。電車は遅れないし、デパートのインフォメーションではすぐにていねいに案内してくれるし。日本人って責任感をもって仕事してる。こっちの人の多くがそうではないように見えるのはどうしてでしょうか（笑）？

――でも個人の責任感というよりは、デパートならデパートの従業員としての、自分の所属している立場での責任感という気がする。そこから外れると意外に親切じゃなかったりする場面にもよく遭遇するよ。

たしかに、そういうのは逆にバリの人はあったかいかも。人としてあったかいっていうかね。

好きな場所で好きな仕事を

バリに拠点を移してからは、ものづくりも腰を据えてできるようになりました。既存のプロダクトをオーダーするのではなくて、一からつくる。こっちでずっと使われている日用品はやっぱりここに適していて、生活に必要だから使われ続けてきているわけでしょう？　そういうものからヒントを得て、日本の暮らしに合うようにアレンジしたり。

――「蚊取り線香入れ」や「amiamiかご」などですね。つくれるものだったらなんでもつくりますか？　「ワランワヤン」としてラインナップに加えるアイテムは、なんでもあり？

これまでは家のなかで使うものがわりと多かった。家で過ごしていて心地よくなれるもので、使い方や手入れによって自分だけの風合いになっていくもの、長く使える生活道具っていうのをずっとやっていきたいと思ってきたんだ。でも最近は、外出するときに使うようなアイテムにもっと目を向けようと思い始めているところ。

――たとえばバイヤーは自分の個人的な趣味とは別に、ブランドに沿うものを探すわけですが、「ワランワヤン」の場合は？　ブランドのイメージが先行なのか、自分が欲しいと思ったものが結果として商品になるのか。

自分の暮らしのなかにあったらいいな、使ってみたいな、というのがすべて。じゃないと、つくれなくない？

――そんなことはないと思うよ。反対に、自分は好きだけどブランドのイメージとは違うな、ということだってあり得るし。

そうか。でも「ワランワヤン」のアイテムは全部、自分の好きなものだな。私が使いたいかどうか、持っていたいかどうか。

——さっきの、必要以上のものは持ちたくないという話ともつながっているかもしれない。自分に素直でいればいいという意味では、非常にシンプルですね。それに共感してもらわないことには、買ってもらえないけど。

うんうん、そうですね。

——自分が使いたいものを、他の人にも使ってもらいたいと思っているということ？

そうだね。そこはやっぱり仕事だから。自分が手に入れて終了だと、趣味になっちゃう。私が目利きになって、誰かに紹介できるものをつくる、ということを仕事にしたいんじゃないかな？

——なるほど、好きなことを仕事にしてるっていうのは、そういうことなのか。

これは売れそうだなとか、そういう目論見は全然ない。売れそうって何だろう？　売れそうって、よくわからない。だから私は、家内制手工業で小さくやってるのかも。大人数で一斉にいいものをつくるっていうのは私には難しいし、検品にしたって、スプーン一本にいたるまで自分でやらないと気が済まないもの。それで少量しかつくれないんだけれど。

——最後の判断を自身でやるっていうのは、きっととても重要なことなんでしょうね。でも簡単に買えるものが多いなか、なかなか手に入らないっていうのも、かえっていいのかも。やっと手に入ったときの喜びもひとしおだし。今後は？　バリに骨を埋める思いでいますか？

一生ここで暮らすんだって思ってたんだけど、じつはいま、ちょっと変わってきてるの。娘はインドネシアの大学には進学しなさそうだし、息子たちは日本の学校にも興味をもっていたりするので。だからどういうふうにも対応できるよう、いつでも準備しておかなきゃっていう考えはもってる。でもそれが、けっこう心地いいなって思えていて。

——自由だもんね。

そうなの！　好きなところに住んで、好きな仕事ができて、ね。それに、バリの環境も、私が暮らし始めた15年前とはずいぶん変わってきていて。家庭に固定電話もなかったような状況だったのから、いきなりすっとばして個人でケータイを持ち始めているような大きな変化で、バリの人たちの考え方も価値観も変わったし、これからもっと変わると思うんだ。だから、それにどれだけ自分がついていけるかが、ちょっともうわからないというのも、ある。

——日本に「ワランワヤン」のお店をつくる計画はないんですか？

とくにないけど、じゃあ、つくってみようかな（笑）。

土屋由里さんの“仕事の相棒”

マチャミ（石田雅美さん）

「ワランワヤンは、マチャミがいたからこそできたこと。私はバリに、彼女はモロッコに移住したから、一緒に過ごしたのはたった3～4年間くらい。なのに、最初からいままで、考えていることやセンスがこんなにぴったり同じなのがほんとに不思議だし、驚きなんです。遠く離れたところで同じことをしている存在という意味でも、すごい励みになってる。いまだに毎日連絡を取り合っている、私のよき理解者です」

根っからのエンターテインメント仕掛け人

naru 石田貴齢さん

大学時代、この人のまわりにはいつも人が集まっていて
そこではいつも楽しそうなことが行われていた。
おいしい蕎麦を提供する店の主人になったいまでも
やっぱりまわりには人が集まっている。

名前

石田貴齢

仕事

蕎麦屋

この仕事を始めたきっかけ

“洒落られる”から

いしだ・たかとし

1972年、静岡県出身。東京造形大学在学中に、ヒップホップグループ「四街道ネイチャー」を結成。大学を中退後、合格が決まっていた料理専門学校の入学を蹴り、友人たちと服の買いつけの会社を立ち上げ、ニューヨークへ。アルバイトで和食店の厨房に入った縁で、帰国後、ついに料理の道に。2008年、地元に戻って「naru」開店。たんなる蕎麦屋に留まらず、ライブや展覧会なども開催する浜松カルチャーを牽引する店として、学生から家族連れ、お年寄りまで幅広い層に愛されている。

www.narusoba.com

生徒会長はピカピカの1年生

――「naru」は、蕎麦屋でありながらライブなどのイベントも開催していますが、開店時からそういう構想があった?

全然! 最初はメニュー構成もざる蕎麦とかけ蕎麦だけみたいな、究極にシンプルな方向で考えていたくらいだから。でもあるとき知人に声をかけられて、小規模なアコースティックのライブをやったのね。僕ももともと音楽をやっていたし、やっぱり音楽っていいなって。それでまたお誘いがあって、マルシェのイベントをやったんです。そしたら2日間で700人も来たの。その広告効果たるや! 出店者が新規のお客さんをどんどん連れてきてくれる図式でしょ。本当にありがたかったです。

――縁つなぎの図式もあったよ。そこで出会って結婚した、我らの友人もいました。

いましたねえ(笑)!

――じゃあ、この店が文化発信地のようになっているのは、べつに意図していたわけではなくて、結果的にそうなってしまったと。でも、学生時代の活動と、なんだかつながってますよね?

あ、そうだね。高校では3年間、生徒会長でしたから。

――え!? 1年生のときから生徒会長をやっていたということ?

そう。高校に入学してみたら、ヤンキーっぽい先輩が多かったのよ。まだまだそういうのがかっこいいっていう時代でもあったんだけどね。で、ああ、僕の高校人生は終わった……って感じだったんだけど、そのとき考えたのが、この学校にはヤンキーを生む要因があるんじゃないかと。たとえば校則とか、教師からの押しつけとか。だから学校内を楽しくしたら、みんな変わるんじゃないだろうかって。で、校則をチェックしたら、指定のローファーしか履いちゃいけないんだっていう。なんだそれ、スニーカーで来たってべつにいいじゃん、とかね。だから、校則を変えないといけないと思った。それに、生徒会主催の新入生歓迎会が、まあショボくて。こんなもののために春先の寒い体育館に人を集めていったい何やってんだ、こんなことしてるからおかしなことになるんだ！って、先輩の生徒会役員にめちゃくちゃ腹が立っちゃって(笑)。

それで歓迎会のあと、まさにピカピカの1年生のまま、職員室に行って。生徒会の顧問の先生を探して「今日の歓迎会、僕は納得できません！　僕ならもっと楽しくできるので、生徒会長にならせてください」って(笑)。

——うーむ、なかなか変わった新入生ですねえ。

そのとき僕は、スチャダラパーの音楽や、小泉今日子のラジオ番組を聴いてて。雑誌だと『ポパイ』『オリーブ』『キューティ』『ファイン』とか。そういうのを知ってい

る生徒は校内にはたぶんほとんどいなかったけど、興味をもつ人たちがちょっとずつ集まってきて、これはイケるぞっていう感覚は早々にありました。雑誌に載っている僕をドキドキさせるようなものは、たぶん学校のなかでも通用する！ってね。

——サブカルやファッションの雑誌はもともと読んでいたの？

中2のとき、教育実習で美人の先生が来て。きれいだから僕、近寄っていくじゃん（笑）？　その先生に、『アンアン』を読みなさいって言われたの。女性誌を読めば女の子の気持ちや女の子がしてほしいことがわかるから、モテるようになるよって。「ホント!?」って、それで立ち読みしまくったんですよ、谷島屋で（笑）。そしたら、こういうときに花束渡せば完璧だとか、女の子の家に電話かけるときはこういうマナーでとか、雑誌ってそういう誰も教えてくれないようなティップスがいっぱい載ってるでしょ。きっかけはそこからで、とにかく雑誌が好きになって、読み漁って。たとえば『mcシスター』なんかは定期購読することになるんだけども（笑）。

――校則を変えたっていうのは？

風紀委員に話したの。「うちの学校の女子はいまだにスカートの丈を長くしてるけど、渋谷に行ってごらんなさい。階段を上るときにはカバンでお尻を隠すくらい短くしてるんですよ？　いまに短い時代がくるから、長いのを取り締まる必要はなくなります。靴下だって、足首のところで折り曲げちゃいけないってなってるけど、それもいまやダサいことで、これからは長い靴下が流行る。だから、そういうどうでもいいことを無駄に取り締まるのはやめましょう」って。その流れで、部活もそのままできる便利なスニーカーも認めましょうって、ローファーじゃなきゃダメっていう校則を撤廃したんです。それは、僕がエア・ジョーダンで登校したかったからなんだけどね（笑）。

食と音楽の共通項

――で、我らが母校・東京造形大学に進学したんですね。

そう。僕、小学生のときから美術の成績がずっといいじゃない？

――知らない（笑）。

それはともかく、その生徒会の顧問が美術の先生でもあって、「美術大学に行く気はないか？」って。当時、一芸入試が流行ってたでしょう？　推薦人制度っていうのが造形大にあって、指定を受けてる各地の造形大の卒業生が、おもしろそうな

高校生をピックアップして母校に送り込むという。その先生は造形大卒業生の推薦人だったわけ。僕は東京に出て洋服屋の店員になりたかったから、大学進学なんていっさい考えてなかったんだけども。

——なのに、その提案をすんなり受けたのは？

東京に行けるから。

——なるほど！　何せ〝東京〟造形大学だもんね。

うん。実際には「ここ、東京？」ってところにある山のなかの学校だったけどね（笑）。僕はだから、生徒会長を3年間務めたっていう実績による推薦だったの。

——美術、関係ないんだ（笑）。

でもね、後の世代も学園祭が楽しくできるように、生徒会役員に向けて冊子をつくったのね。そこには、雑誌のスタイルを真似ていろんなティップスを書いたんだ。たとえば、床材って規格が決まってるから、定規がなくても、この床のマス目3つぶんで約1メートルのものが測れます、とか。展示物を掲示するときは目線の高さに合わせるといい、とか。あとは学園祭でありがちなスペルミスの、WELCOMEの〝L〟はふたつじゃなくてひとつだよっていう注意喚起とか（笑）。

——すごいおもしろい、読んでみたい！　どういう発想で制作したんだろう。

僕にとっては雑誌からのサンプリングだったんだと思う。僕はヒップホップが大好きだったんだけど、あれってサンプリング文化じゃない？　当時ネットがないから検索して調べられるわけでもないし、人に伝わりやすい構成とかレイアウトとか、参考にできるのは雑誌だったんだよね。

——貴齢くんの当時のその才能に、秘められた大きな可能性を感じます（笑）。

大学の面接では「本校には個性豊かなおもしろい学生がいっぱいいるから、学園祭をはじめとするイベントでそういう人たちのまとめ役として活躍してもらいたい」って言われたんです。だからわりと一所懸命、イベントに取り組んでたよ。

――それが入学の条件だから、やらなきゃ退学になっちゃう（笑）。で、学園祭では本格的な料理を出す模擬店をやったりして、実際、大きなインパクトを残していましたね。

あれのイメージはテレビ番組の『料理の鉄人』のキッチンスタジアム。焼きそばとかチョコバナナとか、何を売ってる店かっていうのは二の次で、人が何かをつくっている様子を目の前で生で見せればお客は満足するだろうって考えて。ＤＪブースでも、客の反応を見て選曲するじゃない？　そういうライブ感みたいなのって大事だなと

思って「食と音楽はエンターテインメントだ」って当時から僕、言ってたよ。

——へえ！　そもそも食に対する興味はいつからあったんですか？

小学校のときの文集に、料理研究家になるって書いてたな。『キユーピー3分クッキング』や『きょうの料理』のテレビ番組が好きで、わりと全力で見てたんだよね。

——自分でも料理していた？

もちろん。いまよりつくってたかも。共働きの家だったから、わりとなんでもやらされてたしね。ホワイトデーなんかも、お返しはちゃんと手づくりしてましたよ。

——ってことは、バレンタインにチョコをもらっていたんだー。

だって、モテたくて『アンアン』買ってたくらいだから（笑）。

——じゃあ、料理は子どものときから素養があったわけですね。

うん。あと高校時代は、バスで30分かけて浜松の街なかに出てきて、セレクトショップを覗いてはひとりでメシ食って帰るみたいなことをよくしてて。当時はひとりでも気軽に入れて、ちゃんとつくってる店がいまよりたくさんあって。そういう店で、つくってるのを見るのが好きだった。大学時代に通ってた店もそうだったなあ。調理が見られるカウンター席を陣取ってね。

雑踏のなかに明かりを灯す

——ところで貴齢くん、じつは大学を卒業していないんですよね。

ええ。5年も行って中退ですよ（笑）。ラップグループを組んだり、スケボーやったり、ヒップホップカルチャーにハマってたんだけど、一緒に遊んでた仲間と4人で服の買いつけの会社を始めたの。

当時のラッパーたちはアメリカで服を買ってきて、会員制のマンションアパレルっていうのを展開したりしてた。みんながおしゃれだと思ってるラッパーと同じ格好がしたくても、XLとかXXLのサイズの服なんて東京のどこを探してもほとんど売ってない。それで、アポをとってマンションの一室に行くと、そういうTシャツが売ってるわけ。現地で数ドルのTシャツが、東京のマンションに畳んで置かれると数千円になる。でも他では手に入らないから、需要はある！

これはビジネスチャンスだっていうんで、会社を立ち上げて、ニューヨークに買いつけに行くことにしたんだけど。じつは、大学のあとは料理の道に進もうと思って、専門学校を受験してたんだ。でも合否が決まる前日にその話を詰めちゃってて、やろう！って盛り上がってしまって。翌日、合格したことがわかったんだけどね。

――そこで1回、料理を先送りにしていたんですね。

でも、渡米したとはいえ、ビジネスを始めたばかりでまだお金もないから、マンハッタンの「Naniwa」っていう和食屋でバイトをしたんです。そのバイト先で出会った先輩には本当にお世話になって、その方が帰国して恵比寿の「Aoyuzu」っていう店に入ったとき、僕を呼んでくれてね。僕はそのときちょうど、買いつけの仕事を辞めて料理をやろうとしていて。200席くらいある店で、部門ごとに仕事が確立していて、僕たちの担当は揚げ物と焼き物のセクションだった。そこで揚げ物と焼き物を身につけたので、独立するときに、じゃあ蕎麦屋ができるなっていう発想だったんだよね。

――自分の店をやりたいなって思ったのはいつ？

自分で決断したというよりは、時の流れのままっていう感じなんだけど。そのころには結婚していて、長女が幼稚園に入るタイミングで田舎に戻ろうって夫婦で話をしてて。

――なぜ？

疲れちゃってたから。仕事自体は楽しかったんだけど、大変で、精神的にまいっててて。将来どうするんだとか、子どもがいるのにこんな自分でいいのかとか、いろいろ。十円ハゲもできちゃった。

高校生のときにターンテーブルを買って、DJやって、ラップやって、ステージにも立って、あげくニューヨークまで行って。わりとブンブンにやってたのに結局、僕は疲れて帰るんだなあって。

でもね、「Aoyuzu」では、自分のつくったものを目の前で食べてもらって、お客さんの顔が見られて。オープンキッチンだから全部見えるし、躍動感があるし、ラウンジミュージックが流行ってたころだからDJブースもあって。ああ、食と音楽はやっぱりエンターテインメントなんだな、楽しいなあっていう気持ちはあった。

それで、地元に戻るんだったらもしかしたらお店をやり

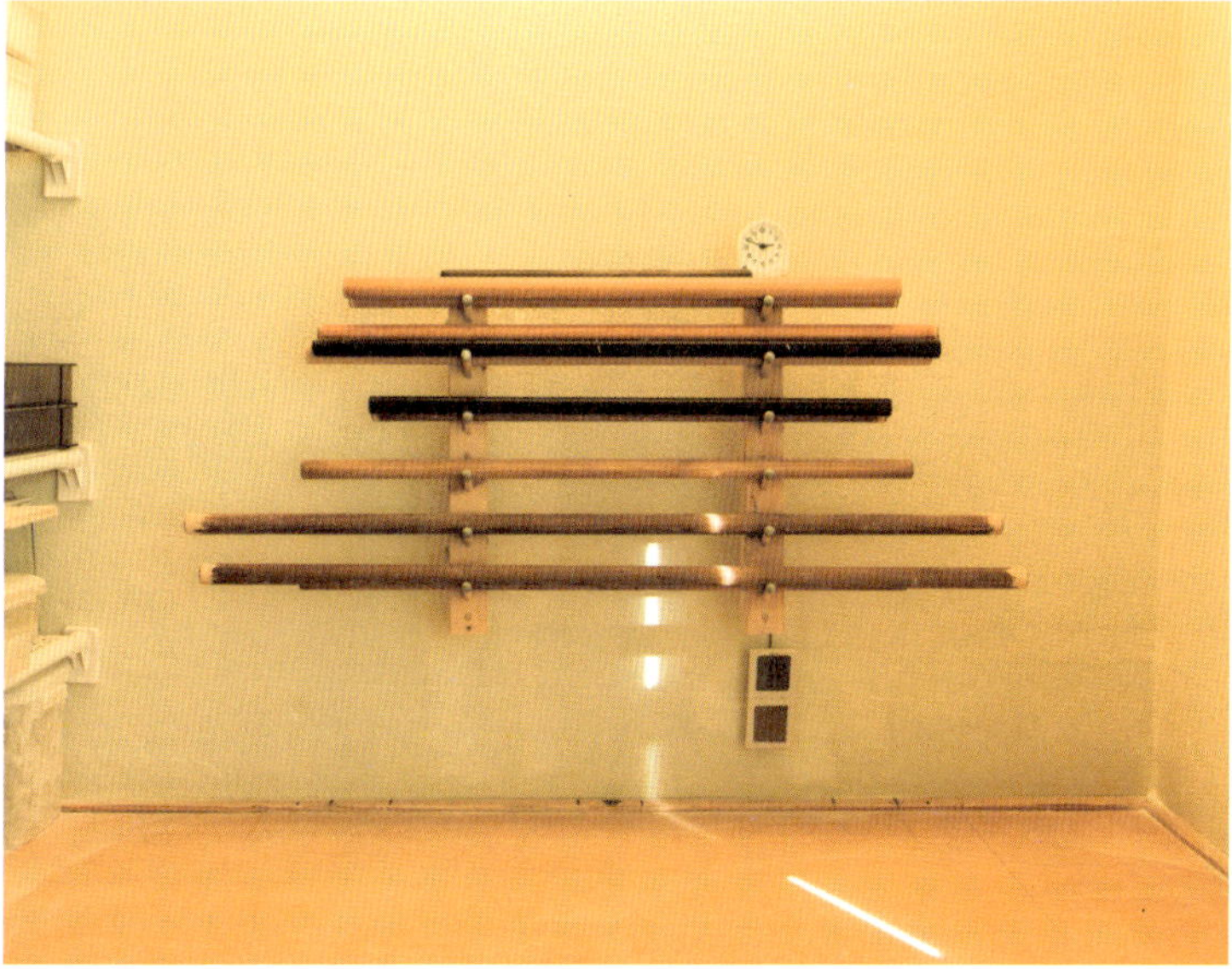

たいと思うかもしれないし、そうであれば何か持って帰らないということで、蕎麦屋っていうのを自分に課したというか、それなら自分にできるかもしれないって。蕎麦なら〝洒落られる〟と思ったのは大きい。東京の荻窪に「本むら庵」ってお蕎麦屋さんがあるでしょ。

――ニューヨークにも支店があったよね。

そう！　マンハッタンの店は一度しか行ったことないんだけど全然、蕎麦屋の出で立ちではないわけよ。ワインも飲めるし、だし巻きをソファで食べたりして、蕎麦屋としては完全におかしいじゃない？　記憶違いの部分もあるかもしれないけど……あの時代、とてもハマッていた。その衝撃がずっと頭に引っかかってた。うどんだったら、ああはなっていなかっただろうなって、時間とともに僕のなかで根づいていったの。だから蕎麦をやろうと思ったとき、自分がいちばん過ごしやすい方向性で、自由でいいんだと思ったんです。

この店の内装も、自宅をつくるならっていうイメージでやったんだよ。ペンダントライトとか、コンクリートと木のバランスとか、蕎麦屋としてはどうなんだろう？ってすごく考えたけど、でもあの店はあそこまで振りきってたんだから、たぶんできるなって。

――それで、蕎麦打ちのプロ養成コースに通ったんだ。

そう。とはいえ、それで浜松に戻ってすぐにお店を始められるわけではないじゃない？　高い学費を出してもらった大学を中退して、ニューヨークに行くとか好き勝手言っといて、今度は蕎麦屋か！って家族は猛反対だし。で、働きながら2年以上、物件探し。最初は郊外で探してたんだけど、いくら見てもピンとこないわけ。それって結局、田舎の家からいつも街なかに遊びにいってて、ついには東京に憧れて出ていった人間が、いまさら田舎でやろうとしても無理だってことで。

僕は雑踏のなかに明かりを灯していたいんだってことに気がついて、街なかで物件を探し始めて、それで見つかったのがここ。気づいたら、高校生のときに、ターンテー

Let SOBA be part of your wonderful life.
We offer best wishes for the new year.

ブル買うにはどうしたらいいんですかって訊きにいったクラブの目と鼻の先だったという。ぐるっと一周まわって、同じところに戻ってきちゃった(笑)。

ほとんどはルーチン

――貴齢くんにとって、どういう店が〝いい店〟だと思いますか?

まずは情熱がないと、いい店だとはいえないと思う。それから、やっぱり飲食店っていうのは信用が大事なんじゃないかな。お客さんが口にするものを提供するわけだから。うん、やっぱり情熱と信用だね。そこは変に探究心とかって言いたくない。

――それはお客さんには関係ないかもね。

そう、わざわざ言うことでもない。情熱があって、信用が欲しくて、自分がやっていることにつねに意識的でいれば、それが探求していることになる。それは、このくらい学んだら必ずこうなるっていうわかりやすいものではなくて、日々の〝差分〟を感じるつもりがあるかどうかの問題なんじゃないかな。材料を石臼に入れて、生地が上がってきて、打って、切って。いつも同じようにやっているのに、きのうと今日ではなんで仕上がりが違うんだろう?って、つねに疑問をもって、発見して。

――作業としては、毎日同じことの繰り返し。毎日同じだから飽きるともいえるし、同じだからこそ違いを見いだすおもしろさがあるともいえる。

普通にルーチンができたらいいし、そうしていることがほとんどなんじゃないか。おそらく飲食店の仕事の9割は、しなくちゃいけない、続けなくちゃいけないこと。自由にやれるのは、せいぜい残りの1割くらいじゃないかなあ。

スタッフに応募してきた子の面接でもよく言うんだけど、外面の憧れだけでいざ働いてみると、実際は繰り返さなくちゃいけない地味だったり大変だったりする作業がほとんどで、がっかりするかもしれない。毎日、毎日、つゆをとって、蕎麦を打って。僕は僕、女将は女将で、それぞれが同じことを毎日やっている。でも、それをけっしてバカにしないでほしい。そうすることで、プロになる手前の状態がやっとでき上がるんだから。そこがつまんないって思うなら、たぶん飲食店ではやっていけないし、一緒には働けない。だけど、自由にできる何かが1割くらいは必ずあるから、それを忘れないでほしい。僕らはそこを一緒に楽しみたいと思ってるから。

――2018年の7月で開店からちょうど10周年。10年間続けるっていうのはすごいことだと思います。

僕のやることってだいたい3年が限界なんですよ。それが10年も続いてるからね。蕎麦屋をやってよかった、本当に。東京への未練ももうなくなったし。週1とか週2で食べにきてくれるお客さんもいるわけ。その人の生活のなかにこの店が入ってるのかと思うと、街の要素のひとつになってるんだな、なんて感じちゃうし。

――すごいことだよね。その人の1週間の予定に、それこそルーチンに組み込まれてるっていうのは。客商売やってる人がよく、お客さんの笑顔がモチベーションです！って言うけど。

うん、やっぱりお客さんの顔を見てナンボじゃない？べつに笑顔じゃなくてもいいけど、まあムッとしてたら凹むけど（笑）、お客さんの顔が見られるのはたしかにモチベーションになる。10年もやってると、最初のころは赤ちゃんだったのに、自分でお箸持って1人前を食べられるようになって、みたいなこともあるしね。進学した、就職したって報告に来てくれたり。

――そういうのはほんとに、継続していなければ経験できないことですね。

誰かに怒られたい

――お店を飛び出して、海外にお蕎麦をつくりにいったりしてるけど、そのきっかけは？

震災のあった2011年に「OPENharvest」っていうイベントに参加したことが大きかった。

――カリフォルニアの有名レストラン「シェ・パニース」まわりの人たちが立ち上げた、生産者から料理人から客から、食に関する人が一堂に会して食を共有する「OPEN」の日本版ですよね。私もすごく行きたかった。

そうそう！　料理人たちが1ヶ月前から日本に滞在して、生産者をまわって食材を確保して。イベントではそうやって手に入れた食材が僕らの目の前で調理されて。

それまで僕は、自分の手元にきた食材にしか集中していなかった。でも僕のところにくるまでにもたくさんの人が関わり、たくさんの労力がかかっているとわかって、そのストーリーに寄り添う気持ちが生まれたらちょっと楽になったというか。そういうふうにつながっていることを意識して仕事をしようと考えるようになりました。それで実際、取引先も変わりました。きちんとやりとりできる人としかつき合わないようにしたし、好きな人からものを買いたいし。そういうのが精神的にすごく効いたんだ。

そのイベントに参加してたシェフたちの店で体験したい！って気持ちが湧き上がって、インスタなんかで連絡をとって。それで、せっかく行くなら蕎麦打ちやらせてもらえます？って話になって。

何人かのお世話になっている方に協力していただいて、本当にやらせてもらえることになったんです。年に1回は海外でっていうのを、そのときから決めてるんだ。サンフランシスコにしか行けてないけど、水質が違うイタリアやブラジルでもやってみたい。

——自分の鍛錬のため？　それとも、お蕎麦を広めたいという使命感？

どっちもある。ニューヨークには手打ちの蕎麦屋が何軒もあるけど、西海岸は、サンフランシスコにも、バークレーにも、オークランドにも、1軒もないんだよ。僕がつくりにいくと、現地在住の日本人がクルマで2時間かけて食べにきてくれたりするの。久しぶりに手打ちの日本蕎麦を食べられたって喜んでもらえたりすると、またやらないとって思っちゃう。
……というのもあるし、誰かに怒られたいっていう気持ちもある。スタッフも抱えている自分の店では、下っ端の立場で尽くしても失敗して怒られるとか、正直、もうないじゃない？　だから、街の一部としての蕎麦屋であり続けたいという想いも当然ありつつ、同時に、サンフランシスコに出店したいとか、ここから独立して何かまた別のことをしたいとか、そんな気持ちも、じつはあるんです。

石田貴齢さんの“仕事の相棒”

女将（奥様の朱那《あかな》さん）

「仕事に不可欠なものはいくつもあるんだけど……まずはやっぱり朱那ちゃん。この人がいないと、店も家庭も成り立ちません。“なんとかなる”からとって『naru』という店名を考えたのも朱那ちゃんなんですよ。結婚したときは服の買いつけの仕事してたから、いずれ東京でマイホームをもつつもりですと、お義父さんには約束した記憶がございますが（笑）、騙し騙しついてきてもらってます、ありがとうございます！」

“いいため息”をついて調えるために、できること

蕪木

蕪木祐介さん

つくりたい味のイメージが明確にあり、ひたすらそれに近づけていけばいいだけ。
だから、そこに混迷や錯綜はないと彼は言う。
その静かで落ち着いた物腰も、店の隅々にまでその気配が行き渡っているのも
やるべきことがわかっているからなのだ。

名前

仕事

珈琲とチョコレートの製造、喫茶室運営

この仕事を始めたきっかけ

ゾクゾクする感覚

かぶき・ゆうすけ

1984年、福島県出身。岩手大学に在学中、盛岡で喫茶店の魅力に初めてふれる。チョコレートへの興味も加わり、菓子メーカーに入社後はカカオ・チョコレートの研究と製品開発の仕事に携わりつつ、個人で珈琲の焙煎を続ける。2016年、東京・浅草に珈琲とチョコレートの工房兼喫茶室をオープン。著書に『チョコレートの手引』(雷鳥社)がある。

kabukiyusuke.com

やるときは、やるんです

――大学では動物科学を専攻されていたとか。

はい、動物に囲まれて過ごしたい、という単純な思いから。宮沢賢治も好きでしたから、自然と岩手の大学に進学しました。

――そのときに喫茶店というものと出会ったんですね。

盛岡ってすごく喫茶店が多くてですね。高校を卒業したてで初めてのひとり暮らしというと、感情的にも浮き沈みがあるものです。僕はそんなに明るいほうではないので（笑）、人とワイワイ騒ぐというよりはひとりで喫茶店にこもって、いいことがあれば喜びを噛み締めるし、反対に嫌なことがあったときにはどん底まで落ち込んでいました。それで、店を出るころには落ち着いて、ちょっと背筋が伸びているというような。

――自分を調える場所だった。

そうなんです。喫茶店に助けられていたっていうのかな。それで、こういうかたちで人の役に立つこともあるんだなと、自分でもやりたいと思うようになりました。でも本当に喫茶店がやりたいのか、それともやっぱり動物の勉強がしたいのか、大学の4年間では結論を出せなくて。それでもう2年、動物の勉強をみっちりやろうと思って、大学院に進みました。

それで行った街が、今度は福岡で。福岡もまた喫茶店が多い街で、僕が珈琲をやるにあたってすごく影響を受けた店がいくつもあります。そこで自分は喫茶店をやりたいんだとあらためて思った。いい店に行くと、自分もこれをやらなきゃいけないってウズウズ、ゾクゾクする感覚があって。それが23歳のときでしたか。珈琲屋でバイトもしていたので、そのまま働こうと思いました。

――バイトも、フリーの時間も。要するに、いつも喫茶店で過ごしていたんですね。

そうですね。でも、そうやって決断はしたものの、社会勉強で1社くらい就職試験を受けてみようと思って、製菓会社に的を絞りました。図書館で調べ物をしていて偶然見つけたのが、食品業界の専門誌に掲載されていたカカオ豆についての論文。カカオに産地や品種があることも、焙煎してチョコレートをつくることも初めて知って、俄然、興味をもちました。

――当時はまだ〝ビーントゥバー（bean to bar）〟もないし、チョコレートがどうやってつくられているか、一般的にはほとんど知られていませんでしたよね。

チョコレートって、珈琲とすごく共通するところがあるなあって思って。生産地や加工の仕方、嗜好品としての魅力という点でも。それで、チョコレートのことも本気で勉強したいと思って、仕事を探したんです。当時は個人でカカオの焙煎技術をもっている人はいなくて、メーカーの門を叩くしかありませんでした。思い立ったら行動に移したがる性格なので。

——あんまりガツガツしてそうには見えないから、ちょっと意外。

やるときは、やるんです(笑)。

日々是焙煎

——それで菓子メーカーに入社したんですね。

たぶん〝おもしろ枠〟で入社できたんじゃないかと(笑)。当時、スペシャルティコーヒー(生産から流通まで適正な品質管理がなされた、風味性が際立ったコーヒー)の勉強もしていたので、その知識をカカオで活かせるはずだと面接でアピールしたんです。それで無事入社できることになり、カカオ豆やチョコレートの研究、製品のレシピ開発の仕事に就きました。

——さっきの論文を書いた研究者というのがじつはそのメーカーのチョコレート開発者で、結局、その方と一緒に仕事することになった。めぐり合わせですね。

ちゃんとつじつまが合っていた、ということなんでしょうね。チョコレートには科学的な側面がたくさんあって、幅広い知識が必要なんですけど、ここで学生時代に勉強していたことが役に立ちました。発酵のことや、乳の季節的な成分変化のことや。ああ、あのとき勉強したことってこれのことか、みたいなことはけっこうあって、スッと理解できたりして。

——そこでもつじつまが合っていた。

その会社で8年間働いたんですが、その間も珈琲に関しては自分で

焙煎を始めていて、ツテのある飲食店に卸したりしていました。作業場を借りて、日々、焙煎。続けていないと感覚が鈍ってしまうと思ったので。

――二足のわらじということですよね。

そうです。だからそのときは、平日は朝から晩までチョコレートをつくり、夜は珈琲の焙煎をしていました。他には何もしていなかった(笑)。

――ずっと豆と向き合っていたんですねえ。

よくそれで何年もやってたなと我ながら思いますけど。でもそういう毎日のなかで、どんな珈琲がいいんだろう、自分にとってストレスのない仕事のかたちはどんなだろうって考え続けていました。

――自分の店をもちたいという気持ちは変わらず抱いていた?

むしろ、メーカーで働くようになってからその思いを強くしました。チョコレートをつくる技術があっても、やっぱり伝えるところまでできないとな、って。そこに入ったのは完全にチョコレートそのものに対する興味で、技術や知見についてはとても勉強になったし、それがなかったらいまの自分はない。でも同時に、〝もの〟だけではダメだっていうことも学んだんですね。

メーカーの仕事では、ものづくりにはすごく打ち込めましたけど、その先は自分の手を離れてしまいますから。

だから、カカオ豆の生産国からお客さまの手に届くまで、どんなに小さなかたちでもすべて自分でやりたいと思いました。

だって、珈琲にしてもチョコレートにしても、そのものに対する興味というよりは、それがもっている力、つまり人の精神性を高めることのできる嗜好品だというところに自分は魅力を感じているわけですから。そして、僕自身が経験したように、心が少し豊かになること、心の小さな支えになることを提供するのが、僕にとっての人の役に立つやり方であり、売り物なのであって。珈琲もチョコレートも、それから喫茶店も、いってしまえばそのためのツールでしかないんです。

生きるとは？　幸せとは？

——私も喫茶店は大好きで、バイトをしていたこともありますが、自分自身がそういう場所をつくって他人に提供したいという考えはもちませんでした。蕪木さんはどうしてそう思ったんでしょう。

理屈じゃないんですよね。さっきも話したとおり、いい店に行くとゾクゾクしてしまうので、あ、これが自分がやるべきことなのかな、と思ったくらい。あとは……

何をしているときに幸せを感じるか、じつは自分自身のなかにはあんまりその感覚がなくて。でも、街なかでちょっといいシーンに出会ったりすると、涙が出そうになるくらいジーンと喜びを感じることがあるんです。たとえば電車のなかでチャラチャラした若者がお年寄りに席を譲ったとか、道端でお兄ちゃんが妹の手を引いて歩いているとか。

昔から僕、なんのために生きてるのか、ということを考える人間だったんですよね。でも結局、人のあたたかさじゃないけど、そういう単純なことで人は幸せになっていくんだろうなって。

だから、喫茶店で珈琲を飲んでひと息つくというのも、きっとそういうことと同義なんだと思います。それも、僕のなかでいいなと思うシーンのひとつだったということでしょう。

——蕪木さんにとってのいい喫茶店というのはどんな店ですか？　たぶん、考えのすべてがこの店に反映されているんだと思いますが。

自分にこもれるところ、ですかね。自分と向き合って、〝いいため息〟がつけるところ。魂が鎮まる、というとちょっとキザですけど、ぴったり言い当てている表現だと思います。

——じゃあ、ひとりでいて心地よく過ごせる店ということかな。

そうですね。内に向かっていける場所って、あるようであんまりない。たぶん、家ではそこまでできないんです、少なくとも僕は。家だとどうしたって生活があるから、精神を高めたり、気持ちを調えたりってことに集中できない。

——でも、他人にそういう場所を提供するためには、自

らが調っていないといけないし、そういう意味での安定した空間を提示しないといけないですよね。

大変ではないですか？

そこは仕事としてめりはりというか、それが生きがいにもつながるので。なんのために生きているか、僕はまだわからないけど、ちょっとでも人の役に立つっていう感覚はしっかりもっていたいと思っているので。

ため息は、嬉しい

いまって珈琲もチョコレートもそうだけど、ものばっかりにフォーカスすることが多いと思うんです。どうすばらしいものなのか、コンペティションで勝ったかどうかとか。さっきも〝ビーントゥバー〟という言葉が出ましたが、その言葉が象徴しているように、自分たちでつくるということ自体がいま、ひとつの付加価値になってしまってますけど、自分でつくっていようがいまいが、おいしければいいと思うんですよね。ちゃんとそこに意志があるなら。

——受け取るほうもむしろ、情報だけで飲み食いしてるようなところがありますもんね。極端な話、おいしいかどうかはどうでもいいというか。

大事な部分の手前で消費されてしまっているようなところがありますよね。情報武装することでおいしいものだと思わせようとしているし、そう思わされてしまっている。そうではなくて、単純に食べておいしい、というのがいい。

僕はひねくれ者なので、そのへんにはちょっと反骨心があって。だからメニューにもあんまり説明を書いていないんです。ワインや珈琲のように、産地を書くことでお

客さまが何かイメージができるんだったら書いてもいいと思ってるんですけど、カカオはまだそんな状況になり得ていないし、同じ産地でも地域や品種、発酵や焙煎の仕方で味がまったく違ってくるので。もちろん味も追求するべきだとは思うんですが、いちばん大事なのは味の追い込みではなくて、どういう心持ちで仕事をするかだと思う。

さらにいうなら、ただおいしいものをつくるだけでは足りないんです。だって、おいしいって感じるうちの、純粋な味覚が占める割合はたぶん6〜7割程度なんじゃないかな。それ以外の要素、どんな人と、どんな場所で、どんな心持ちで食べるのかで、おいしさというのはだいぶ変化しますよね。

ただし、裏づけとしては自分たちはしっかりやっていかないといけないのはもちろんで、自信をもって出せなければいけないんですけど。でもそこはお客さんに伝える部分ではないというか、お客さんは、ただおいしく、ただいい時間が過ごせればいい。そのためには、珈琲やチョコレートというのはとてもふさわしい嗜好品だと思います。だから、この店でお客さんのため息が聞こえてくると嬉しいんですよ(笑)。背筋が伸びるんです。

――お客さんに話しかけないようにしているのも、そのため息を殺さないようにするためですね。

はい。お客さんが自身のなかに沈み込むときには、僕の存在は邪魔だと思うので、自分から話しかけることはほとんどないですね。

――お客さんと親しくならないほうがいい、とも言っていましたね。

仲よくなってしまうと、元気なときにしか顔を出せなくなると思うんですよ。ボロボロな気持ちのときでも、行きたいときには行ける店でありたいなと思って。暗い色の服を着ているのもそのためです。この店では、僕は黒子でいいと思ってるから。店を全体的にほの暗くしているのも同じ理由。メニューの紙を珈琲で染めて店になじむようにしているのも。ただし、そのなかで珈琲カップだけは映えてほしいので、例外なんですけど。

――しつらえの隅々まで蕪木さんの思想が反映されているんですね。

世界一は日本一か？

なんでもかんでも世界共通になっていく傾向にありますけど、おいしさの基準というのは環境や背景で変わるものです。よく〝世界一〟とかいうじゃないですか。でも世界一が日本一とは限らないって、つねづね思っていて。

――わ、名言が出ましたね！

いやいや、敵をたくさんつくるだけで……（笑）。僕は若輩でそのレベルまで全然いけていないながらも、消費者が〝世界一〟に飛びつく光景がなんだか滑稽だなと。世界一よりも、自分たち日本人のことを考えてつくられているものを僕は食べたい。

たとえば、日本のチョコレートとヨーロッパのチョコレートって実際に違うんですよ。日本のものはねっとりと舌にまとわりつくような濃厚感で、ヨーロッパのはサクサクしていて口のなかでスッと消えるような食感。そ

れは日本人とヨーロッパ人の好みをそれぞれに反映した結果なのであって、どちらが優れているかっていう問題ではないんです。だから、世界一とかコンペティションとかには僕はあんまり興味がなくて。

——世界ではなく、日本を意識したい、と。

そうなんです。でも和素材に注目すればいいとか、そういう話でもないんですよ。どちらかというと、削ぎ落とされたものをていねいに楽しむといった精神性のことをいっています。片手を添えるとか、そっと置くといった、相手を思いやる所作や気遣いの美意識に、僕は日本らしさを感じます。

かといって、それをとってつけたようなものにはしたくない。中身のない上っ面だけなのがいちばん嫌です。中身があって、そこに必然と見た目が加わるっていうのがいいですね。だからこの店も、とってつけたかっこよさ、上っ面のデザインはいらなかったんですよ。カウンターと椅子さえあれば、自分のやりたいことはできると思ったので。

——店の内装は蕪木さんの手づくりなんですよね。

壁のつくり方、塗り方もそうだし、床の張り方、上げ方、何も知らなかったので、大変でした。

——やり方を知らずにどうやってつくったんですか？

本を読んだり、大工の友だちに手伝ってもらったり。

——店の正面に窓がないのも、わざと入りづらい雰囲気にしようとしたわけではなく、つくる技術がなかったからだそうですね。

難しいですよね、窓をつくるのって（笑）。でも、外が見えないことで、お客さんにとっては守られているような安心感にもつながるかなと思っています。

——店内で装飾といえるのは、一輪挿しの花だけですね。

はい。最初はこれさえなかったんです。花の知識もないのに何かやってしまったら、それこそ上っ面になってしまうんじゃないかと思っていたから。でもあるとき気が変わって挿してみたら、気持ちがよくなったんですよ。僕以外にここに生き物が増えたというのがよかったみたいです。それで単純に、気持ちがよくなるものならやればいいじゃないかって。それ以来、花は欠かさないようにしています。

――週に一度、決まって赤いバラを1輪買いにくる蕪木さんのことを、花屋の人はどう思っていることか（笑）。ところで、店名はどうやって決めましたか？

悩みました。じつは祖父母が酒店を営んでいて、「蕪木酒店」というんです。バスが1日に1本しかないような、ほんとに田舎にあって、タバコや駄菓子なんかも売っているような店で、お客も近所の人だけ。その商売に対して誇らしいと思ったことはなかったんですけど、祖母のお葬式のときに、きっと子どものころから通っていただろう近所の人が「アイスのおばあちゃん」と言っていて。それを聞いたときに、うちみたいな店でも誰かしらの役に立っていたんだな、僕もそうありたいなって。それで、蕪木という屋号を継ごうと思いました。自分の名字なら、良いも悪いも言われないだろうし。

――そのものだから、言い訳もできない。

そうなんです。潔くやろうと思って。

――それにしても、蕪木さんは自分の理想だと思える場所づくりをすでに実現してしまっているわけですよね。

でも、場所というのはあくまで前提で、それをつくるのが目的ではなく、むしろスタートで。場所があって初めてできることを、いまやってるんだと思います。

――珈琲やチョコレートがツールにすぎないってことと同じですね。

そうです。僕の仕事はあくまでも、人の心に何かを作用させることですから。僕自身は田舎が好きなのに、こうしていま東京で店をやっているのも、都会で忙しく働くなかではとくに、自分にこもる場所ややすまるひとときが絶対的に必要だと思うからです。自分の使命といったら大げさですけど、そのために喫茶店ができることはきっと大きいと思ってるんです。

蕪木祐介さんの“仕事の相棒”

珈琲ポット

「道具にはすべて愛着がありますが、珈琲を志した当初から使っているポットはとりわけ大事な存在。自分の珈琲に合わせて、口の部分を叩いて変形させてあります。一度空焚きしてしまって、磨いて直したので、ちょっときれいになっちゃっているんですが、考えてみたら10年以上、毎日この取っ手を握っているって、すごいことだなと。壊れたらそうとうショックですね」

豪快さと緻密さでもって、全力投球で楽しむ

月のチーズ　月村良崇さん

チーズ製造で生計を立てようと決めたから
酪農ヘルパーになったし、専門店で営業職にも就いた。
そんなふうにビジョンをもって、目的に向けて着実に構築する。
でも石橋を叩いて渡るのではなく、ものすごく豪快に直感で突き進むのだ。

名前

月村良崇

仕事

チーズの製造

この仕事を始めたきっかけ

怪物みたいなおじさん

つきむら・よしたか

1975年、東京都出身。スポーツクラブのインストラクター（東京）、酪農ヘルパー（北海道）、「チーズ王国」の営業職（東京）を経て、2007年、子どものころから慣れ親しんでいた北海道紋別郡滝上町に移住。自宅の後ろにチーズ専門工房を設立する。オリジナルブランド「月のチーズ」としてクリームチーズ、フロマージュブラン、モッツァレラ、のむチーズといったフレッシュチーズを専門に製造している。「月のチーズ」の商品は道内の空港や道の駅、百貨店の他、全国の「チーズ王国」各店などで購入可。

働く男たちに強烈に憧れて

――北海道には子どものころからよく訪れていたそうですね。

僕らが子どものころって、都市に住んでる子どもを田舎に行かせるのが流行っていたでしょ。山村留学とかサマーキャンプとか。僕は「森の子どもの村」っていうキャンプに小学6年生のときから参加してたの。

――月村さんは道産子《どさんこ》に見えて、じつは東京・渋谷区出身の超都会っ子ですもんね（笑）。

お客さんにもよく「いかにも北海道の人の顔をしてますね」って言われるんだけど、期待を裏切りたくなくて否定できない（笑）。

――キャンプは最初から楽しかった？

いや、初日でホームシックになって。それまでも地元の子ども会なんかでは経験があったからキャンプ自体には慣れてたんだけど、これは知り合いがまったくいない、ひとりでの参加だった。「きみはあの子と一緒にあのテントね」って、知らない子と当日急に組まされたんだけど、相手の子はその日のうちに友だちのテントに移っちゃった。何もわからないまま、ひとりぼっちになっちゃって。夜なんてほんとに真っ暗だし。

――知らない場所に来た小学生には、それはかなり心細かったでしょう。

それでも10日くらいいたのかな。もう、失意のもとに家に帰ったんだけども（笑）。でも負けん気だけは強いもんで、翌年、もう1回行ってやろう、と。

――失意の思い出を塗り替えてやろうとしたんですね。

いまでもそうだけど、僕は嫌なほうにはあえて突っ込んでって、ぶっ壊しちゃう質《たち》だから。2年目からは友だちもできて、すっかりおもしろくなって。そのときから畑の手伝いをするようになってたんだよね。

——キャンプの間にやることは、みんなそれぞれ違うんですか？

釣りに行こうが、川で泳ごうが、木に登ろうが自由なの。僕はずっと労働してたけど(笑)。

——汗を流して働くことに純粋に喜びを感じていた？

友だちが一緒にいたからっていうのも大きいけど、収穫を手伝ったり、収穫物を夜中までかかって選別したりっていう作業自体も楽しかった。で、僕は体が大きかったから力仕事にまわされるようになって、酪農家の手伝いに行くようになって。いま僕が（チーズの原料の）牛乳を買っている村田牧場さんも、じつはこのときからのつき合い。そうして中学1年生の夏が終わって、それ以降

は冬も来てたんだよね。春も来てたかな。高校生になってからもね。

――要するに、まとまった休みの間はいつも北海道にいたということですね。

うん。なぜって、酪農がかっこいいなと思っちゃったんだよね。あのころの酪農っていまより力仕事が多くて、何十キロもあるミルク缶を両手それぞれに持って運んだりするような怪物みたいな力持ちのおじさんがいっぱいいて、強烈に憧れちゃったの。それが、俺が酪農をやりたいと思った原点。

――そのときにはすでに、将来は酪農家になりたいと思っていた？

そう。だから早く仕事を覚えたくて手伝ってたんです。

社長代理で技を磨く

酪農の世界に入るにはいろんなアプローチがあっていいと思って、高校卒業後、農業の専門学校に行ったんです。農業改良普及員（現・普及指導員）っていう国家資格があって、農業を指導する人間を育成する学校。資格をとっておけば、もし農家で食えなくても田舎に入り込める術になるだろうと思って。僕は農家になりたかったわけだから、学校では実習がとにかくおもしろかった。卵受精やバイオテクノロジーや畜産も学べて、自分にはすごくいい学校だったんだよね。でも、そこを卒業してどうしたかっていうと、コナミスポーツクラブの水泳のインストラクターになっちゃった。

——学生時代はずっと競泳をやってたんですよね。

そうです。農家にはなりたかったんだけど、その前に、若いときにしか経験できないことをしておきたいなと思っちゃって。というわけで、なぜか家畜人工授精師や家畜商の免許をもってるインストラクターの誕生だよ（笑）。2年半くらいやってたかな。

——社会人になってからは、北海道には通ってはいなかったの？

そうだねー。その間はさ、ほら、女の子とつき合ったりとかしてたから（笑）。それで、そのときじつは、中部地方に移住することになりかけてたの。彼女が地元に戻りたいっていって、そこで酪農ができるからってことでね。でも結局、ふられてしまって、さあどうしようってまさにそのタイミングで、滝上町（北海道）の農協から声がかかって。

というのも、農協には酪農ヘルパーという仕事があるのね。酪農家って生き物相手だから365日稼働しているんだけど、ヘルパーが各酪農家に入ることで、酪農家の休みをつくる仕組みがあって。そのヘルパーに空きができたから、こっちに来ないかってスカウトされたわけ。

——子どものころから通っていたから、滝上にはすでに人脈があったんですね。

ずっとやりたかった農業の夢が断たれたところに、渡りに船でしょう。しかも、故郷みたいなところの人たちに請われたんだから。それで滝上の酪農ヘルパーになりました。

——ヘルパーっていうのは、いろんな酪農家のところに数日ごとに行くわけですか？

だいたい3日間なんだけど、最初は半日かけてそこのやり方を教えてもらう。農家ごとに、やり方が全然違うから。ある意味、社長代理の仕事だよね。

——それぞれ違うというのは、けっこう難しいですね。

技術がないとできない。家畜に病気が出たら対処しなくちゃいけないし、分娩だって安産ばかりとは限らないし、大変なことはたしか。でも俺は、仕事は楽しくやりたいし、自分の納得するレベルまでいきたいから、勤務時間以外でも農家さんに出入りして手伝って。自分も農家になりたいわけだから、スキルを磨こうと思ってね。

——いろんな人のやり方を見られる、盗めるチャンスでもあるんだものね。

おいしくなければ意味がない

――チーズに興味をもったのはいつごろなんですか?

学生のころから。チーズはそのうちきっとやるだろうと思ってたから、食べ歩いたり、国内の工房をまわったりしてたの。

――そのうちやるだろうと思ったのは、どうしてなんだろうか。

酪農家になったら、チーズをつくりたいってきっと思うだろうなって。海外では酪農家がチーズをつくるのはわりと普通のことだから、日本だってチーズの文化が熟して、ゆくゆくはそうなるだろうと思ってた。農家になってからでは、そういうスキルを磨くのは難しいだろうっていう考えもあったし。

だから卒論も「世界から見る日本のチーズ」をテーマにして、フランスに視察に行ったんですよ。なんていうのかな、チーズは、酪農という大きな球についてる小さな球みたいなもので、一緒に転がっていくだろうなと思ってた。

――でも、酪農品にもいろいろあるでしょう? なぜとくにチーズに目をつけたんでしょう?

おいしいからじゃない(笑)? おいしくなければ意味ないじゃん。

――いいね~(笑)。

そうじゃないと、自分がのってこないでしょ。それでいろいろ食べてみると、日本のチーズは海外のものより味が劣っていると感じた。その理由はフランスに行ってわかったんだけど、日本はいい牛乳は飲むほうにまわすけど、向こうでは加工に使うんだよね。

そんなことを学びつつ、ヘルパーをやってわかったのが、国と農協の仕組みに従うと、チーズをつくれるようになるまでにはたぶん何十年もかかるし、お金もずいぶんかかるということ。つまり、就農してすぐにチーズをつくるのがいかに大変かがわかったんですよ。

それで思いついたのが、先においしいチーズをつくっちゃって、それで生活できるようになったら、趣味で牛を飼えばいいんじゃないかと。

――趣味の飼育なら、農協をとおす必要がない。

そう！　で、26歳くらいのときに、じゃあチーズの勉強をしよう、それも、製造より先にマーケティングの勉強をしておこうと思ったわけです。それで転職すべく就職活動を始めました。そのときにはもう未央（奥さん）と結婚することになっていたから、東京に戻ってきて、ふたりで吉祥寺に家を借りて。ご両親には無職の状態で結婚の挨拶に行ったもんだから、お義父さん、ポカンとしてたよ（笑）。

まず、世界中のチーズの味が知りたいでしょう。それから、世界のチーズや日本の消費者の動向を知りたいでしょう。そういうことができるだろう商社などの会社数社にアポをとって。で、たまたま最初に面接を受けたのが「チーズ王国」(株式会社久田)だったんだよね。

――最初に面接してもらった会社に、めでたくも決まっちゃったんですね。それで、「チーズ王国」の吉祥寺店勤務に?

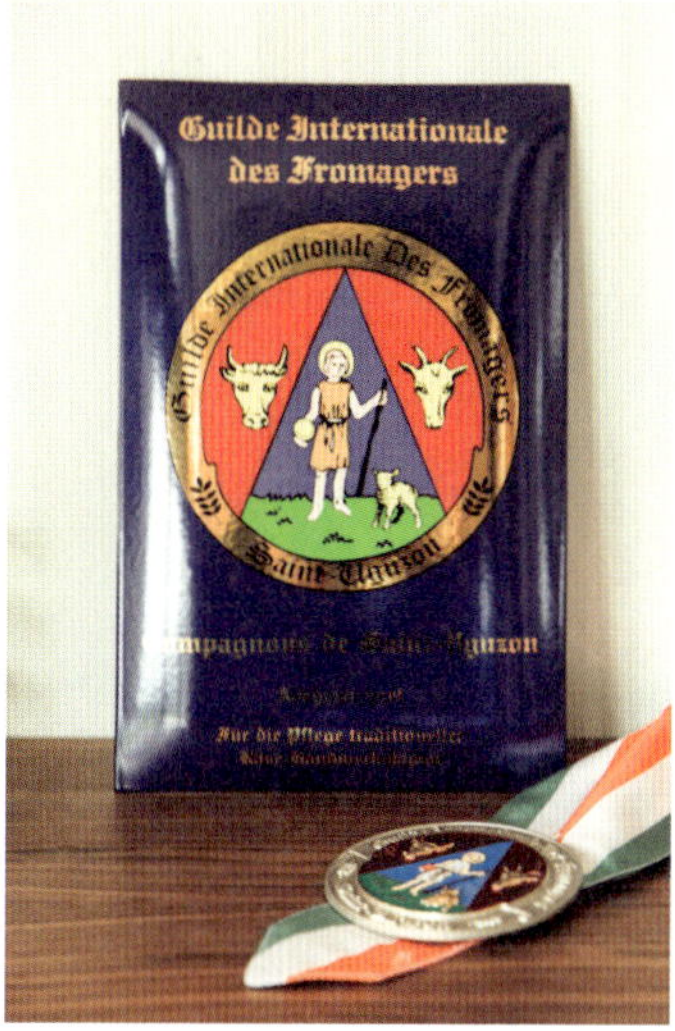

チーズの普及に努めたとして「Guilde Internationale des Fromagers」から授与された

そう。吉祥寺店は当時いちばん売上がいい店舗で、ちょうど人が欲しかったみたい。近所に住んでるし、畜産も知ってるしというので、採用された。

――なんだか神がかってるなー。

アホみたいに働いてしまう

で、吉祥寺店はけっこう売れるから、販売用に小分けするために大きいチーズを日々、切るのね。

――店舗で切るんだ。

30キロ以上あるパルミジャーノレッジャーノも1日でなくなっちゃう。切っては食べ、次の日また切っては食べ、とやっていると、味の違いがわかってくる。俺は声がデカいから、おまえは叫んでるか食ってるかだなって揶揄《やゆ》されたけど、でもお客さんに出す試食の味がわかってないといけないんでーとか言っては、ちょくちょく食ってた(笑)。だって、置いておくだけでどんどん味が変わっていくからね。

——それは個人ではなかなかできないもんねえ。

無理、無理! しかも世界中から選ばれたおいしいチーズが集まってるわけだから。で、インストラクターやヘルパーのときと同じように、楽しいからアホみたいに働いちゃって。気づいたらたった半年くらいで店長になってて、お義父さんに「おまえの会社は大丈夫なのか」って言われたよ(笑)。

——無職だった人が急に出世したから(笑)。

そのあとマネージャーになって、課長になって。そうなると百貨店の食品部長なんかとも話せるようになるし、どういうふうにこの国の販売がまわってるのかもわかってくるし、つくり手とも関係ができる。おかげで、そのとき知り合った人たちとはいまもつながってます。

——「チーズ王国」は、道外で「月のチーズ」がコンスタントに手に入る貴重な店だけど(※チーズ王国では「オリジナルティストJAPAN」という商品名で販売している)、最初から扱ってもらっていたの?

いやいや。退職して3年くらい経ったとき、「チーズ王国」の当時の社長が北海道に来てるからって急に連絡があって、チーズを持って会いにいったの。そのとき「これは本物のクリームチーズか?」って訊かれたんですよ。一般的に出まわっている安いクリームチーズは、安定剤を入れて熱をかけて充填してるのね。つまり乳酸菌が死んでる、濃度の薄いクリームチーズもどきなの。要は社長は「おまえのつくったチーズは乳酸菌が生きているのか」って訊いたんだ。それで「もちろん本物です」って言って、そこからはトントン拍子に。

——えー! それで卸すようになったの? ガチンコだー。

おいしいチーズがつくれさえすればいい、わけではない

――ちょっと話を巻き戻しますね。チーズづくりをするために、再び北海道に行ったあたりの経緯を教えてください。

「チーズ王国」に勤めながらも、北海道でチーズづくりができる場所を探してたんです。なかなかいいところが見つからなかったんだけど、あるとき、さっきも話した村田牧場さんから連絡がきて、よさそうなところがあるぞって。ただし、ひと冬誰も住んでいなかったから家屋が潰れそうになっていて、誰かが住まないと今度の冬まではもたないっていうんです。

――雪で潰されないように住みながらケアしないと、家がダメになっちゃうってことですね。

それで選択を迫られたんです。「チーズ王国」では5年勤めると社内ベンチャーができる制度があるから、それを利用するつもりでいたんだけど、その時点でまだ勤続4年だったから。

すごい悩んだけど、これも出会いだからさー。将来は北海道に移住しようと未央とは話していたし、そのときにはつくりたいチーズもだいたい決まってた。好きなチーズはいろいろあるんだけど、それだけじゃ足りなくて、それで食っていけるもんじゃないとダメでしょ？　貧乏でもおいしいチーズがつくれさえすればいい、それが俺の人生なんだ、っていうふうには俺は全然思わない。生活はしっかりさせたい。クルマには乗りたいし、ビールは必ず飲みたい(笑)。

それで、回転率がいいものにしようと思って。つくった

ものをすぐに全部売れば、すぐにお金になるでしょ。しかもフレッシュチーズなら熟成庫を設置しないで済む。熟成庫って、ものすごいお金がかかるから。

――なるほど！

フレッシュチーズに勝算はあった。というのも、クリームチーズをチーズ農家さんに食べてもらったら、こんなもの売れるの？って言われたんですよ。乳酸菌が入ってるから酸っぱさがあるでしょ、それが腐ってるイメージとつながるみたいで。で、これはイケる、突っ走っちゃえば僕の独占になる、と思ったんだよね。国内では本物のクリームチーズがあまりつくられていなかったから。それからフロマージュブランは、「チーズ王国」在籍時代にお客さんだったフレンチのシェフたちが「日本では高価で手が出ない」って嘆いてたから、これも商機があるなと思って。これから本格的に生産量を増やしていこうとしてるモッツァレラもそう。日本ではまだまだ本物が出まわってないからね。

それと、国内で売るフレッシュチーズは国内でつくるほうがやっぱり有利でしょう。賞味期限が短いから、海外から輸入するとなると航空便に限られる。ということは当然、高い送料が商品の値段にかぶさってくるし、いくら空輸でも日本の店に並ぶまでにどうしたって数日はかかってしまうわけで。でもうちなら、工房からすぐの牧場で搾乳したての新鮮な原料で商品をつくることができる。だから、うちと同じくらいおいしい海外のチーズがあっても怖くない。日本で勝てる要素を狙ってやっているんだよね。

――ものすごく緻密に戦略を練っているんですねえ。

だけど、社内ベンチャーという支援を頼りに起業計画してたもんだからさ、どう計算しても250万円くらい足りなかった。そんなとき、北海道に地域起業家育成補助金っていう制度があるのを知って。いまはもうないんだけどね。勝ち抜きで、満額だとまさに250万円もらえるの。これだ！って応募して。書類審査や銀行のお

偉いさんや知事との面接を経て、最終まで残って、無事に満額の補助金が下りたのさ。

潔く引き下がれない

――チーズづくりはどうやって会得したんですか？

酪農家の手伝いや学生のときの加工実習、フランスへ研修に行ったりもして、ある程度つくり方はわかってた。そのうえで、じゃあ僕がつくりたいチーズはどうやってつくるのかと考えて参考にしたのは、あるフランスのチーズで、それを分析にかけたの。江別の「食品加工研究センター」っていう、保健所なんかも検査を依頼するようなところに電話して、協力してくれって頼んだんです。で、江別に泊まり込んで、データをとって、僕のチーズのたたき台をつくったの。日本ではまだ誰もつくっていないんだっていう熱意だけだったけど、つき合ってくれてね。

――そうか、個人規模でクリームチーズづくりをしているのって、珍しいんですよね？

クリームチーズ自体は他でもあるんだけどね。僕のは安定剤不使用で、乳酸菌が生きてて、だから風味と食感がいい。そこを求めたいっていう思いにのってくれたわけ。で、そのあと「オホーツク圏地域食品加工技術センター」で、実地試験をして。この乳酸菌を使ったらこういう味になるとか、好みの酸味になる温度帯はどこだとか、科学的に検証していったんです。ただ教科書どおりにつくっても自分のチーズにはならない。すでに存在している味を再現するんじゃなくて、自分の理想の味をつくり出さないと。

だから僕は誰かに習ったわけではなくて、僕の味を一緒に構築してくれるブレーンをつくったというのかな。いまでもそうだけど、僕は自分に足りないものは、誰かに頼む。で、一緒にやって、実現する。そこには本当はお金をかけないといけないんだけど、当時は金がなかったから、つき合ってもらったんだけどね。

——真剣さと熱意があれば、応えてくれる人がいるんだね。しかしその計画力と行動力は、どうやって培われたんだろうか。

〝食っていく〟っていうことに対してリアリティのある母親に育てられたからかなあ。でもね、どうやったらおもしろいかっていうのは、いつも考えてて。それは水泳でも、チーズでも。ただ、チーズに関しては潔く引き下がれない。家族がいるから、がむしゃらになる。もしチーズがダメになっても他の方法で食っていける能力が俺にはあると思ってるけど、それでも、とことんやっておかないと悔いが残るだろうから。

せっかく生きてるんだから

——お金とか関係なくて、純粋に自分の好きなことをしていいとなったら、何がしたいですか？

人と話すのが好きだから販売もやりたいし、プールのインストラクターもおもしろかったなー。チーズもつくりたい。

——全部じゃん（笑）！

だって全部おもしろいから、ひとつだけなんて選べない。俺、自分が楽しいと思うものに対してはものすごく貪欲だよ。そうじゃないものにはすごくケチだけど（笑）。

——楽しいかどうかが、いちばん大事ですか？

原動力はそこだけですね。楽しむっていうところだけは、絶対にブレない。自分が楽しまないことには人も楽しめないと思うから。だから逆にいうと、他人はともかく、自分が楽しめればいい（笑）。

――これからは？

そうだなー、まわりからは2代目を育ててくれって言われるけど、自分の代で終わってもいいと思ってる。

――息子たちに継いでほしいとは思いませんか？

べつに思わないなあ。本人たちがやりたいというなら好きにすればと思うけど、勧めはしないかな。

――なぜ？

だって、めちゃくちゃ大変だもん（笑）！　それに、息子には息子の人生があるからね。まあ、自分の知らない世界に行ってみてほしいっていうのはあるかな。僕は国内を商圏にして、このなかで戦えるものっていうので選んできたけど、この先、日本の人口は減っていくわけだし、世界に出たほうがいいんじゃないかな。だけど俺が思ってるのは、楽しくなければ仕事じゃないってこと。楽しいったって本当に辛いときももちろんあるわけだけど、でもその先にはやっぱり、楽しさがないと。だって、せっかく生きてるんだからさ。

月村良崇さんの“仕事の相棒”

宝物1号、2号、3号

「未央（奥さん）は俺の宝物1号、玲（長男）は宝物2号、吟（次男）は宝物3号。この宝物たちのために、僕は働いてるんだから。もちろんチーズがつくりたくてこの仕事をしてるのはまちがいないんだけど、何よりも家族と一緒にいられる生活がしたいっていうことがすごく大きかった。未央がいないと仕事が進まないという実際面も、もちろんある。経理やデザインのことはすべて任せているし、僕のアイデアを具現化してくれるのは未央なので。うちの味は、ふたりでつくってるんです」

あるがままを丸ごと、身体感覚で共有する
エイジワークス　軸屋鋭二さん

マッサージでもなければ、リラクゼーションでもない。
でも、たとえうまく言葉にできなかったとしても
未知だった自分の体との出会いははっきりと感じられるはず。
〝自明〟と〝不思議〟は、同居している。

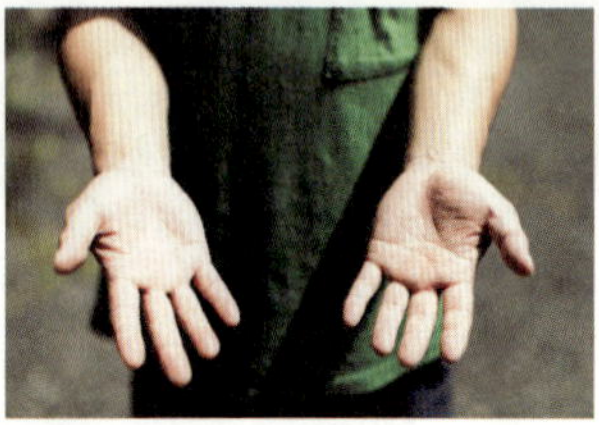

名前
軸屋鋭二

仕事
ボディワーカー

この仕事を始めたきっかけ
渾身のスタートダッシュ

じくや・えいじ

1976年、兵庫県出身。大阪体育大学卒業。公益財団法人尼崎市スポーツ振興事業団にて勤務後、カナダへ留学。独立時、取り戻した自身の身体感覚を根拠に活動する決心をし、もっていたインストラクターやトレーナーの資格をすべて放棄する。現在は兵庫県加東市の森のなかにある「森の音」をベースに、各地を定期的に行脚しながら、人の体を介して会話する「エイジワークス」を展開中。

eijiworks.com

心はけっこう大人

――体育大学を出ているくらいだから、もともと運動が得意な子だったんでしょう？　体育の成績はいつもよかった？

まさに。思ったとおりに体が動かせたんです。

――できたのは運動だけですか？

勉強もまあまあできたほうかなあ。

――あら、そう！

まあまあ、よ（笑）？　思いどおりに体が動くっていうのは、教えてもらっていないことでも、想像したとおりに実際にできてしまうってことで。たとえばタッタッタッと走っていって、跳び箱に手をついて側転するなんてことも、いきなりやってみて、できてしまう。だけど

先生の前でやるわけにはいかないから、隠れてやってたんだけど。

――なんで？　褒められるんじゃない？

いやいや、子どもがいきなりできるようなことじゃないでしょ。大人の前では子どものふりをしてないとあかんと思ってたから、僕は。

――えー、どうして？

自分が考えていることをそのまま言ったら大人はきっとびっくりするから、子ども視点に変換してしゃべらなあかんって、小さいころから思ってたの。大人の事情のいざこざがあるじゃない？　それを、小さい僕は冷静にいろいろ見て、理解しちゃってた。心はけっこう大人だったんです。

――大人のほうは、わからないと思って子どもの前で平気でそういう話をするわけね。

そうなのよ。なんで俺のおる前でそんな話すんの、全部理解できるのにって。だから自分は何も気づいてないよっていう態度をとらなあかんって思ってたの。

――子どもを演じてたんですね。

そのギャップ体験が、自分の根っことして大きくあるみたい。表に出せなくても、丸ごと見ようとすることを俺自身は忘れたらあかんよって、当時の自分が自分に言ってるの。

スタートダッシュに懸ける

――高校では、陸上部で短距離をやっていたんですよね。

まわりは筋肉をつけるトレーニングをめっちゃしてたんだけど、僕は体が小さかったし、筋トレに励む気分になれなくて。で、誰よりも速くスタートダッシュしようと思いついたんですよ。その情熱の注ぎ方が尋常じゃなくて、高校3年間はずっとそのことばかりを考えていたくらい。「よーい、ドン！」っていう音に反応してたら遅いってわかったから、じゃあどうしたらいいんだろうって。

——うわあ、おもしろいねえ！

耳で聞く以外に反応できる方法があるんじゃないかって、どんどん研ぎ澄ませていって。そうすると、「よーい」の姿勢をとっていると、体が広がっていくのを感じるのね。それはいまだったら説明ができるんだけど、要は〝膜〟なの。筋肉や骨だけじゃなくて、体全体は膜でひとつながりになっていて、そのおかげで人は立つことができている。歳をとっても立っていられるように筋肉を鍛えましょう、なんていまだによくいわれてるけど、〝膜〟が僕たちを立たせてくれてるんだよ。それは空間と共鳴し合ってる。だから膜を感じることで、立ちやすくなるんです。

──実際、物理的に存在する組織なんだものね。つい先日も、最大の器官が発見されたってニュースがありましたよね。これまでは人間の最大の器官は皮膚だとされていたけど、全身にネットワーク化された〝間質〟の存在が新たにわかったって。つまり、高校生のエイジくんはそういうことを自分なりの感覚で理解したんだね。体全体で反応することに気がついて、実践できた。

しかも、そうするのがいちばん速かったの。ほとんどフライングみたいだけど、フライングではない。

──瞬間にフォーカスして集中するなんて、仏教の瞑想みたい。

それくらいの集中力を使ってたね。

──風変わりな高校生だねえ（笑）。でもそれ、当時は誰にも言ってないんでしょう？

言ってない。まわりの同級生も、小柄で筋肉もない僕がなぜそんなに速いのかがわからない。渾身のスタートダッシュだけで僕、兵庫県で優勝したからね。100メートル走の、後半はめっちゃ遅いんだけど。

──スタートだけで、あとは惰性だものね。

惰性、惰性。だって走る練習はしてないんだもん（笑）。

――でもそれが、いまエイジくんがワークで発揮している身体感覚の鍛錬になったんですね。

めちゃくちゃ楽しいからやってただけなんですけどね。結果が出るから嬉しかったんだと思う。

感覚を取り戻す

――自分自身が体を動かしていたのから、他人の体を見るという方向には、どうシフトしていったんですか？

大学を卒業して、尼崎市のスポーツ振興事業団っていうところに入って、必然的にインストラクターになったのね。市民にいろんなスポーツを教える。だけど、何十年も通っている人たちの指導員にならなあかんのよ、1年目のインストラクターが。シニアにバドミントンやバレーボールを教えなあかんし、そうかと思うと幼児に体操も教えなあかん。大変すぎて拷問かと思った。おかげで僕、十円ハゲできてん(笑)。

で、3年目に、スポーツジムの配属に変えてもらったの。そこで、よりトレーナー的な、専門的な知識を学び出して。それがたぶんすごくよかったんだね。

――大学のときに勉強したんじゃないんだね。

大学のときにも一応してるいうても……大してしてないなア（笑）。で、そこには6年くらい勤めて、28歳のときに辞めて、カナダに行くことにして。

――なぜ？

普通だったら転職を考えるところなのかもしれないけど、自分には無理だと思って。

――勤めるということが？

そう！　だから、身体のことを勉強するという名目で。日本でも学べるけど、環境を変えたかったんだろうね。

──それまでは勤まっていたんでしょう？　なんで無理だと思ったの？

勤めてる間に、パーソナルトレーナーとかのアスリート向けのプロ資格もとったんだけど、自分の限界が見えてしまったのよ。僕はこの程度しか人に対してアプローチできないっていうのがわかってしまった。何回、何セットの腹筋をやって、このくらいの筋力がついたら、このくらいパフォーマンスが上がる。とかいうことだけで果していいのか？って。実際、それで満足している人たちはまわりにいたけど、俺はこれをやり続けてたらダメだと思った。自分のなかに湧き上がるものがないっていうのかな。

──じゃあ、カナダでは具体的に何をしたんですか？

身体に関して僕が体感していたことと、それまで教わってきたことのずれを実感しました。自分自身も、鍛えているのにもかかわらず腰を痛めたりしていて、おかしい

なって思ってて。それで、自分の体を変えたかったのね。カナダで出会ったヨガの先生が力ではない体の動かし方をしているのを見て、これだ！って思った。自分が感じていたことを実践している人がいる！って。それで、ウエイトトレーニングなんかをすべてやめちゃって、その先生のところに朝晩、修行みたいに通ったの。

――それこそ、イメージしたとおりにできた？

そうそう、できるようになってきたわけ。力ではない体の使い方があるっていうのを思い出したっていうのかな。その感覚を取り戻したっていうか、回路が開いたっていうか。高校で気がついた感覚を、大学以降は閉じちゃってたんだと思う、いま思えば。

ずれに気がつく

――感覚を取り戻して、そのあとは？

帰国後、ピラティスの資格をとって、ヨガ&ピラティスのスタジオで教えることと個人でのセッションを並行してやってました。スタジオではピラティスのクラスを受け持っていたんだけどね。そこで求められるのはエクササイズなわけだけど、それ以前に呼吸がうまくできない人がいたりして、そういう人にはやり方を教えてた。呼吸がうまく入って体の緊張が抜けると、解放感や安堵で泣いてしまう人もいるんです。すると僕は職場で呼び出されて「お客さん泣かして何やってるんですかッ!」(笑)。

——個々の人間に対しては成立していたけれど、スタジオという単位では認められなかった。

なぜその人自身を見ようとしないのかと、すごく怒りが湧きました。そういうことで葛藤があって、ぶつかって、結局そこは1年で辞めてしまったんだけど、いま思えば、そのずれに自分が気づくために、わざわざそういう環境に入ったんだなってわかるんです。そうやって枠で囲ってしまって生きている人がいるって知ることができたのは、よかったと思う。

——でも、ほとんどの人は何かしら枠を設定しているんじゃない?

うん。いまだったらむしろ枠はつくっていいと思うし、僕自身にだってそれはあると思ってる。でもそのときは正義感もあって、なんで生きてる人を丸ごと見ようとしないんや!って怒りが先行してしまったんだな。しかも自分が何をしたいんかがまだはっきりわかっていなかったころだから。だから、そのスタジオで体験したことによって、自分がやりたいことを認識させられた、というのかな。しかも、そこでできることはやりきって辞めたから。そのおかげで、自分のワーク一本でやっていく決心がついたんです。それが30歳になる前くらい。

——なるほど。ところで4年前に〝出世〟を決めたというのは？

友人が祈祷してもらうというので、神社についていったことがあるのね。そのとき、安全祈願とか健康とか自分の希望を書くところに、初めて〝出世〟と書いたの。なんだか自然にその言葉が出てきて。べつに成功したいという意味ではなくて、世の中に出て自分の仕事をする、という宣言をしたの。

——ということは、それまではそういうふうに思っていなかったんですね。

だって、自分のやりたいことは人に伝わらないと思ってたから。それに、自分がやっていることを表に出すのが、じつは怖かったんです。自分のこの感覚を自分の内にこめているぶんにはいいけど、他人と共有するときにはよほど注意しないと、その人にとって思わしくない方向に導いてしまうリスクもあるから。体の状態はよくなるかもしれないけど、その代わりにその人にとっては歓迎できない要素が露わになる可能性だってあるし。そんなことをいろいろ想像してしまって、すごく怖くて。でも、これだけ世の中が変わってきてて、いろんな見方が許されるようになって、いまなら大丈夫だって思えるようになったんです。

——時代がエイジに追いついてきた、ってことだね。

その先もだいぶあります

——普通は、というとちょっと語弊があるけれど、たとえばマッサージに行くとして、こちらとしては体をほぐしてもらったりして、施術者に任せてしまうことが多いと思います。でもエイジくんは「僕がなんとかするわけじゃない」と言いますよね。

知らないふりをしているだけで、本当はあなた自身が知っているんでしょう、ということかな。それが僕にとっては当たり前というか、そう決めてしまっているんです。

――じゃあ本人が気づくためのサポート役のような?

うん。治療家になる方向性もあったと思うんだけども、どうしてもそっちには興味が向かないというか。相手に喜ばれるとしても、自分のなかではその交流は楽しくない。そういうことをしている人は他にいくらでもいるし。でも、痛みが改善されるといったような具体的なことならすごくわかりやすいけど、僕がやってることってわかりづらくて。ほぐしも癒しもない。僕は何をしてるんでしょう。僕はいったい、なんなんでしょうか(笑)。

――最初からそういうスタンスだったわけではない?

明確に気がついたのはあとからだけど、僕のなかに最初からあるにはあった。自分の仕事についてはマッサージとかトレーニングっていう言い方をしてきてはいたけれども、つねにずれは感じていたんです。たとえばボディメイクの仕事をしていたときには、このアスリートはなぜパフォーマンスを上げたいんだろうって、その先を見てしまう。でも、その人自身は半年後の身体的パフォーマンスが上がればいいのであって、そんなところまでは見ようともしていない。その先もだいぶありますけど？って、僕は思ってしまっているのに。

——そのことは本人には伝えなかったんですか？

伝えない。

——本人が求めていることではないから？

そうです。でも自分のなかでは全然共鳴しないし、ここから先はやってはあかんねや、という抑圧にどんどん気がついていってしまうわけ。それがいちばんキツかった。それがさっきのピラティスのクラスの話につながっていくんだけど。

都合がよくて、そうなっている

——エイジくんは「構造ではない」とよく言うじゃない？

へえ〜。

——「へえ〜」って、他人事みたいに（笑）！　これは鎖骨です、ここからここまでが上腕骨ですっていうことではないんだよ、と。勝手に区分けして別々のものだと思い込んでいるかもしれないけど、それが人の体の動きや考え方を限定してしまっているんだよ、人間以外の動物がそんなことを考えて体を動かしてますか、と。

それ、おもしろいね！

——あなたが言っていたことです（笑）。

こっちが背中で、こっちが胸で、これが正しい姿勢です、みたいなのって限定的でつまらなくない？ それより、そのまま見てみようよ。肩甲骨はいったいどこにいようとしてる？ 骨盤は？って、素朴に感じていくほうがワクワクしませんか？

——たしかにエイジワークスは、これまで意識していなかった体の部分に意識を向けさせますよね。あ、自分のこんなところに、こんなものが存在していた！みたいな。

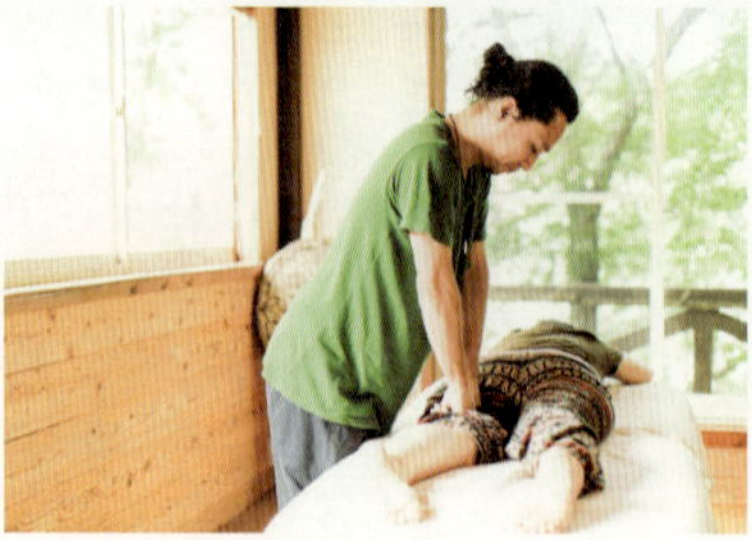

それを治療の方向にもっていくのが、たとえばロルフィングだったりすると思うんだけど。僕は、感じているその人自身に任せる。

——その人をよりよくしたいという思いはない？

結果としてよくなることはもちろんある。でも、そうさせようとしても仕方がないと思ってる。だって、その人のことはその人自身がいちばんよく見てるわけだから。それよりも、どんな状態でも、いま現在しっかり生きてるじゃないかっていうところ。現在地がわかったら、どうありたいか、どう生きたいかはその人自身が見つけていくべきだと思います。そのときに、身体にはこういう方向性がありますよっていうことまでは伝えられる。これが正しい立ち方ですよ、と教えるようなことではやりとりしないし、あなたの腰痛はこれが原因ですよ、なんていう言い方もしない。だって何か理由があって、いまあなたの体はそういうバランスで維持できているんですよね。その痛い部分だけを取り除きたいという気持ちもわかるんだけれども、そうしていると都合がいいってことが何かあるはず。逆にいうと、痛みを抱えていることで全体としては都合がいい場合もあるってことです。だから、僕はそこには手を出さず、自身で探ろうとしていくのにつき合う、やりとりする。会話みたいなワークなんです。

思いを継いで、体は体で生きている

——エイジくんは相手の体にそっと触れたりしてるだけなんだけども、そのやりとりは確実に感じます。はたから見たら私はただじっと横たわってるだけなんだけど、エイジくんのエスコートで、自分の体内で動いているものを感じる。そして、私の体のなかで起こっていることを、エイジくんが敏感に捉えているのがわかります。何かが見えているんですか？

何かが見えたり聞こえたりするわけではなくて、身体感覚で〝感じている〟というのかな。それを〝チャネリング〟という人もいると思うけど。なんでわかるのかといわれると、いまここにある肉体だけで完結してるわけじゃなくて、もっと全体として存在してるから、としか言いようがなくて……。

——もしかして、人によっては〝オーラ〟とかで表現しているようなことだったりするのかな？　自分の感じていることをわかりやすく翻訳しているというか。

そのほうが受け取りやすいもんね。でも要はみんな、身体感覚なんじゃないかな？　全身で感じていること、全体に波紋で広がっていることから、ひとつだけを取り出そうとするのは無理がある。見えない部分だけを取り出してもおかしくなる。それが〝スピリチュアル〟といわ

れてることかもしれないけど。でも、体が現にここに存在してるでしょうっていうのが、いまの僕のスタンス。それで、骨や筋肉、筋膜といった身体のことを素直に見ていくと、どうしたって身体の外の空間、地球、宇宙と、壮大な世界にまで広がっていってしまう。そもそも身体の内側と外側の境界を皮膚で分けているけど、本当にそうかな?とか。

――「自分と体とには距離がある」ともよく言っていますね。

自我という自分の精神と、実体としての自分の身体。いつもその両方が別々に存在していて、自分は自分にいちばん近い他者だっていう感覚が僕の軸にある。しかも、たいがい自我は体をコントロールしようとしていて、体のほうはそれを許してくれていますよね。よっぽどのときには病気になったり壊れたりしますけど、多少無理があっても、基本的にはいつも自我の言うことを聞いてくれてる。

――自分が思ったとおりに、身体はなってくれているわけですものね。

いいこと言うなあ！

――いやいや、エイジくんが言ってたんですってば（笑）。

自分だけじゃなくて、親から、もっと前の世代から受け継いできた思いも、個人の体は引き受けてる。代々続いてきた生命体と、たった数十年生きたくらいの自分が、つねに一緒にいるっていう。こんなややこしいのが同居してるって、ものすごいことですよ。だからこそ、全部クリアに取り除くなんてことはしなくていいっていうか、そんなことできっこないですよね。であれば、いまを楽しめばいい。目の前のことをするしか自分にできることはないんですから。

――距離があるとはいえ、この体とは死ぬまで離れられないですからね。

絶対に離れない。それでいて距離感があるという、この不思議さ。でもね、波乗りするみたいに地球に、宇宙に委ねておいたらいいんですよ。体は体で、生きているんだから。

軸屋鋭二さんの“仕事の相棒”

自分の体

「自分の体は、まさにパートナー。心身一体だと思っている人は多いかもしれないけれど、僕にとっては自分とこの人（自分の体）の間には距離があるんです。自分自身でありながら、別人なんですよね。ワークのときはとくに、この人自体が生きているっていうことをしっかり見極めていないと、他人の体を見ることはできません。自分がどうしたいかというよりは、この人がどうしたいのか、どうあろうとしているのかを見ることで、相手の体も見ていくという感じなんです」

自分で見届け、自分で始末をつけて、ともに生きる

立花テキスタイル研究所　新里カオリさん

彼女が何事も当然のように粛々とやっているように見えるのは
それが一過性のイベントではなく、生活の一部だからだ。
海と山の恵み豊かな瀬戸内海の向島《むかいしま》に暮らし
野菜を育てるのも、獣を屠《ほふ》るのも、廃材で染色するのも。

名前

新里カオリ

仕事

循環型染織研究家

この仕事を始めたきっかけ

デイル・チフーリ展のポスター

にいさと・かおり

1975年、埼玉県出身。武蔵野美術大学大学院造形研究科テキスタイルコース修了。院生時代に「工房尾道帆布」の立ち上げに関わる。2008年、広島・尾道に移住し、株式会社立花テキスタイル研究所を創設。地元の廃材を使うものづくりと、農業や狩猟による“自分で始末をつける”暮らしを追求中。自身のラジオ番組『新里カオリのうららか日曜日』(RCCラジオ)では第55回ギャラクシー賞の優秀賞を受賞。

tachitex.com

尾道帆布にいざなわれて

——尾道との出会いは？

大学院生のときに旅行で来たのが最初。広島市現代美術館で開催されていた「デイル・チフーリ展」（1999年）のポスターが大学の構内に貼ってあって、それを見たのがあと1日で会期が終わるという日だったの。どうしても見たくて、友だちを誘ってその日の夜行バスで広島に向かったんです。

——いい行動力！

若いよね。で、展覧会を見終わったころに、その友だちのお母さんからたまたま電話がかかってきて、広島にいると伝えたら、だったら尾道に寄ってみなさいと。そのお母さんっていうのがジャーナリストでね、数週間前にちょうど尾道を訪れたばかりで、そのときに取材した方を紹介してあげるから、おいしいお店でも教えてもらえばいいじゃないって。

で、尾道駅でその人、木織雅子さんと待ち合わせて。ごはんを食べに連れていってくれて、いろんな話をしたんです。木織さんは吉和《よしわ》の家船《えぶね》の子どもたち＊を陸に上げて就学させる活動をかつてしていて、そのことで友だちのお母さんが取材したわけなんだけど、家船は帆船で、帆布が使われていた。その帆布をつくる工場が昔は尾道に10軒あって、いま1軒だけ残っている、と。私がテキスタイルを勉強していることを知って、そこに案内してくれたんです。

＊尾道の吉和は瀬戸内有数の漁業基地。かつてここには漁業や行商をしながら船上で暮らした人たちがいた。子どもたちは就学せず、幼少時から労働力となり家族の生業を支えていた。

——それが、「立花テキスタイル研究所」がいま間借りしているこの工場（尾道帆布株式会社）なんですね。

そうなんです。で、木織さんが、尾道のお土産は魚や景色といった形に残らないものばかりだから、その帆布でバッグをつくりたいって。

――尾道の新しいお土産として。

うん。じゃあ協力しますということになって「工房尾道帆布」がスタートしました。当時、私はまだ院生だったから、東京から通いでね。私は染工場に注文を出したりする技術と、広報の担当。まずは色で勝負しようということで、染めに力を入れることにしたんです。最初はメンバーで1万円ずつ出し合って帆布を一反買って、ちょっとずつ切って、5色つくって、バッグにして。

――それがいまや、尾道商店街に大きな直営店を構えるまでになったんですね。

アートは誰のためのもの？

――「尾道帆布展」の活動も、同時に始めたんですか？

美大生って、作品を発表しようとすると、なけなしのお金を貯めて、銀座のギャラリーで展示するっていう王道のパターンがあったでしょう。材料費で10万円も20万円も使って、画廊を1週間借りるのに十何万も払って、会期中は交通費をかけて通って。でも結局、見にきてくれる人は同級生くらいだったりして。ただ発表会をやるためにすごくコストをかけているうえに、同じ穴のムジナ同士で感想を言い合っているだけで、こんなの自己満足じゃんって。アートの存在意義とか社会との関わりというものが、私は見つけられなくなっちゃってた。
そういう思いと、初めて尾道を訪れてこの帆布工場を見たときの感動をいろんな人に味わってもらいたいっていう思いがあって。だから「工房尾道帆布」の仕事をボランティアでやる代わりに、「尾道帆布展」をやらせてほしいってお願いしたんです。夏休みの1ヶ月間、美大生を誘致して尾道で制作をしてもらう、暮らしながらものをつくっていく企画展をやりたいってね。

——尾道帆布の宣伝活動でもあった。

市民から集まった寄付金100万円を運営資金に、尾

道市の協力ももらいつつ、廃校になった小学校や商店街や島など、会場を毎年替えながら、地域にあるものと帆布を使えばなんでもいいという条件で作品をつくってもらうっていう。

――美大に募集をかけて、学生を集めたの？

東京だけじゃなくて、大阪や金沢や、いろんなところから学生たちが来ました。

飛び込みの子もいたなあ。この教室でやりたいとか、あっちの廊下でやりたいとか、みんなで話し合って制作展示場所を調整したりして。

――2002年というと、アーティスト・イン・レジデンスがまだ浸透してないころだね。

そう。東急ハンズでなんでも材料を揃えられるわけではない環境で、人との交流のなかで制作するということも大事だと思った。アートは特別なものでも崇高なものでもなくて、日々の積み重ねでひとつの作品ができていくっていうこと。私がいまやっていることも同じだけれど、要は、やろうと思ったら誰でもできるのがアートだっていうところにカジュアルダウンしないと、日本のアートへの理解ってたぶん一生縮まらないって思ったから。

――自身も表現者でありながら、もう少し引いた目でも見ていたんですね。

なぜに気になるゴミ問題

――そもそも大学ではなぜテキスタイルを？

子どものときから手芸が好きだったのね。母に編み物や

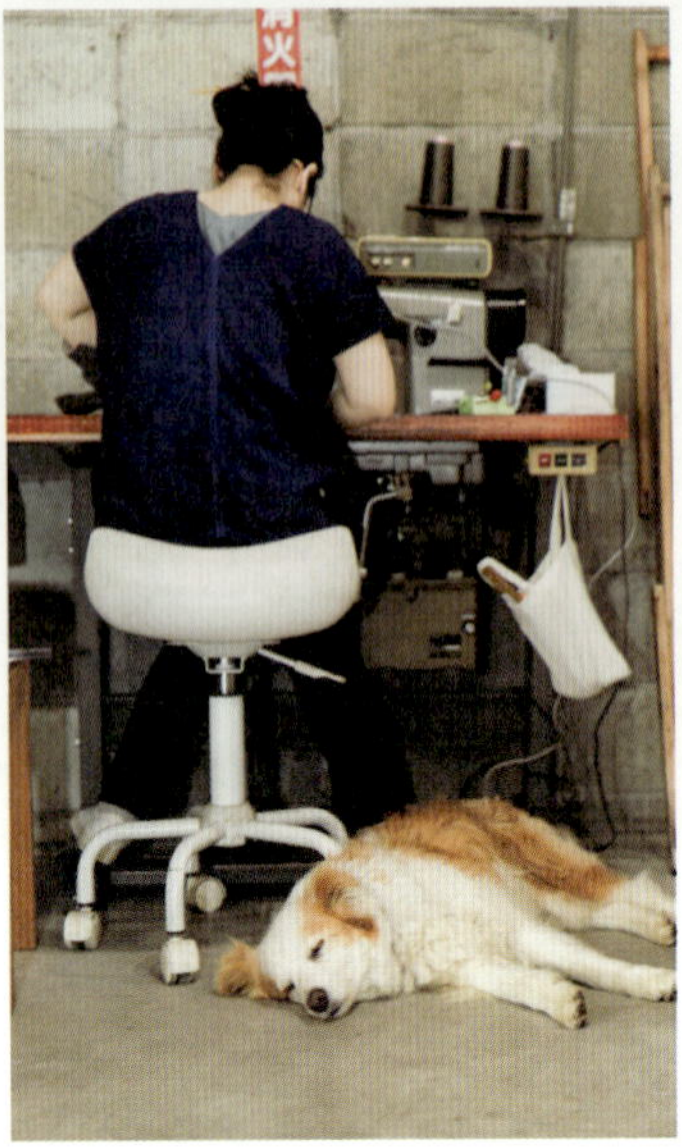

ミシンを習ったり、小学生のときは手芸クラブにも入っていて。布に触っている時間が長かったから、自分が表現しようと思ったときにいちばんしっくりきたっていうのかな。

——院まで行ったということは、テキスタイルを突き詰めたいという気持ちがあった？

いや、なかった（笑）。まだまだ遊びたかったし、社会に出たくなかっただけで、ただの時間稼ぎ。じつは尾道と出会う前は、イタリアに留学したいと思っていたんですよ。イタリアが大好きなのは、ゴミがないから。私が行ってた街は、コンビニもないし、紙コップも使わないし、全部量り売りだし。そういう暮らしを知って、レモンひとつにもトレーをつけて売っている日本が嫌になっちゃってた。尾道に来たのはそんなときだったんです。日本に居続けるのならなおのこと、ゴミ問題は解決しないと、自分がイタリアに行かなかった理由が得られない。なんでそんなにゴミに執着があるのかわかんないんだけど（笑）。べつにそうやって育てられたわけじゃないし、自分でも謎なんだよねえ。

——創作活動をしているうちにそういう気持ちが芽生えたのかな。

なんとなく、子どものころからな気がする。おばあちゃんと一緒に住んでいたのもあるし、昔、お菓子の包装紙やリボンなんか、ていねいに畳んでとっておいたじゃない？　新聞に挟まってるスーパーの広告の、お肉やアイスの写真を切り取って、それでおままごとしたり。そういう体験は大きい気がする。
あとね、父の実家が岩手にあって、夏休みはずっと岩手で過ごしていたことも関係あると思う。山も川もあって、いとこたちとめちゃくちゃ野性的な遊びをしてた。いまは禁止されているけど銛《もり》で魚を突いたりして、自分の手で食料をとったときのアドレナリンが放出される感じとか、すごく強く残ってる。あるいは、おじいちゃんの畑のキュウリをもいで食べて、ヘタはそのへんにポイッと投げておけば土に還るってこととか。

——自分の責任で始末をつけるということを肌で知っていた。

そういうところはあるかもしれない。だから、どこでつくられたかわからないものや、どうやって捨てたらいいのかわからないものに対して不安があったんだと思う。

——実際、いまのカオリさんの暮らしすべてがそういう思いを反映させたものなんだろうね。たとえば畑の雑草を食べてくれて糞は堆肥になるヤギや、羊毛がとれる羊を飼っているのも、その現れで。

呪縛を解放するバイト

——院を卒業してからは、どうしていたんですか？

東京で、予備校講師のアルバイトをしてました。

——へぇ！　当時はボランティアで尾道の活動をしつつ、塾講師のバイトで生計を立てていた？

そう。最初は美術の実技だったんだけど、そのうち論文なんかの講座も担当するようになって。学生に教えるには、その子が何に興味があるかを自分で探らせないといけなくて、どっちかというとそのための授業でした。最近読んでいいなと思った本は何かを訊いたりして、半分カウンセリングみたいなんだけど、まずはその子が興味のあることを突き詰めていって、やる気を導く。そうしないと学習が頭に入らないから。
できない子って、できないって自分で決めちゃっている子がすごく多くて。本来はできないって決まってはいないんだけど、その呪縛というのが結局、その勉強だけに留まらず、作品制作や人づき合いにも響いてきたりするわけ。ちょっと宗教的なんだけど、解放できるのは自分しかいないから、そこのコントロールがすごく難しい。

――そんなところまで塾講師に求められるの？　学校の先生みたい。

だからお給料がよかったんだろうね。でも、おもしろかったよ。それで、呪縛とか表現とかいってると、今度は幼児教育に興味が出てきたわけ。予備校は週3回だから時間もあったし、私が当時住んでいた藤野（神奈川県）のシュタイナー学園の仕事も始めたんです。子どもたちにものづくりを教えたりしていました。

——してみると、教えるっていうことをこれまでけっこうやってきているんですね。

じつは両親とも教員なんですよ。うちの家系は教師、公務員ばかりで、商売人が全然いないの。人さまのお金で食べてるから危機感がないというかね。このままだと同じレールだなと思ったから、そこを脱してみたい気持ちもちょっとあって、それで住む場所を変えたのもあるんです。振り返れば、いろんなことが作用しているものですよね。

——それでいよいよ、尾道に移住することになるわけですね。

ものづくりをする意味

東京から尾道に通いながら「工房尾道帆布」と「尾道帆布展」の活動をしてたんだけど、帆布のバッグが順調に売れていって。4年目でNPOにして、店舗をもって。そのタイミングで、こっちに引っ越してくればっていう話になったんです。ちょうど10年前の2008年。

そこで私は次のステップにいきたいなと思ったんです。今度はもう少し自分の個人的なテーマでものづくりをしたいなって。こんなにものにあふれているなかでなお、ものをつくり出す意味をきちんと考えたくなったというか、やみくもになんでもではなく、厳選してものをつくりたくなった。たとえば、自分たちで栽培した綿で染色するとか。最終的には地域で出る天然のものや地域の廃材だけで染めるっていう目標で、5年くらいかけて構想を練りました。

——それで「立花テキスタイル研究所」が誕生した。「立花」は地名なんですね。

そう。向島の南にある集落で、研究所を立ち上げた場所です。尾道という名前を使ったほうがいいって言われたんだけど、尾道はすでに全国的に有名だし、それにあやかるよりも、もっとローカルなほうがいいんじゃないか

と思って。日本でいちばん長寿の村になったこともあって縁起がいいし、〝花〟ってつくのもいいなって。〝テキスタイル研究所〟っていうのはね、昔、東京に東京テキスタイル研究所っていうのがあって。

――土屋由里さん（P.114）が通っていたところだ。やっぱり武蔵野美術大学出身。

そうなんだ！　学生時代はよくそこに買い物に行っていたの。染めの材料が一式揃っていて、いいなあ、こんなお店やりたいなって。べつに真似したつもりではないんだけど、〝テキスタイル研究所〟っていうフレーズが心に残っていて。私たちには聖なる場所だったから。

――オマージュだね。

2年後に独立するまで、最初は「工房尾道帆布」の一事業部としてスタートしました。経済産業省の補助金が下りたので、お金は稼いじゃいけなかった。それで、いまもスタッフとして一緒にやってくれている斎藤知華さんも移住してきてくれて、ひたすら研究の日々。染色に使える素材や協力者を探すために、向島から同心円状に、しまなみ海道から岡山、愛媛まで、どこに何が生えてるのかをフィールドワークして。

――そこからやったの⁉

そこからやったのよー！　使えそうな植物が生えている場所の地権者を調べたり、農業委員会に農家さんを紹介してもらったり。で、サンプルをひたすら出していきました。経産省からお金をもらってたから、報告書を出さなきゃいけないこともあって、何をどういう条件で染めたか、染める時間や色合いや、100種類以上ものサンプルを総合評価でまとめていって。第三者の評価機関で繊維の品質検査もしてもらうなど、かなり戦略的にやりました。

――うわあ、すごい！　すべて自分たちで実験したデー

タなんですね。

オタクだよね。一緒に住んでたから、家に帰っても、次はどうする、ああでもない、こうでもないってずっと話してて、もう24時間作業。最初の1年間はほんとに働いたなあ。その反動がきちゃって、いまはポヤンとしてるけど(笑)。

ゴミが宝になる?

植物って、ほとんどのものが色を出せるんですよ。だから選びどころがないっていうか、自分たちで落としどころを決めないときりがないんです。そこでコンセプトとして立てたのが、廃材を使うということ。

——廃材。

うん。染色って美しい色を追いかければいくらでも表現できるんですね。そこに伝統工芸の要素がくっついてくると、労力をかけてナンボみたいな世界になってくる。あの山のてっぺんに生えてる、ある時期に採取した何かの根っこ、とかね。

私は産業にしたかったから、そういうことではなくて、自分の営みとはまた別の、企業などから出る廃材を有効利用して染色しようって決めたんです。たとえば農家さんがすでに育てている植物だけど、枝の部分は不要で、お金をかけて捨てている、とかね。そうすると、自分が欲しい色というよりは、その地域から必然的に生まれた色になるわけで、それをいかに認めていけるかという話になる。地域から出たら運搬コストがかからないというのもエコでいいでしょう。で、地元で無理なく手に入る廃材であれば、植物に限らなくてもいいよねっていうことになって。

――なるほど。そのひとつが、鉄鋼所で出る鉄粉なんですね。

これがひとつの会社から、月に2~4トンも出るんです。

コストをかけて再利用するより、産業廃棄物として処理したほうが早いんだって。

――ひとつの会社だけで1ヶ月に2トンも出るものを、どこに捨てるの？

埋め立てたり、海に流したり……っていう、私たちがいままで知らなかった部分でしょ、社会の。そういうものって、たぶんいっぱいあるよね。それがツボだったたっ

ていうか、こんなこと知らないで生きてきちゃってたよ、私！って感じで、なんとかこれを使えないかなと思って。他には家具メーカーの木っ端や、牡蠣の殻なんかも使わせてもらってます。

まあ、私たちが使う量なんて知れているんだけど、知ってもらうきっかけにはなるんじゃないかと思ったの。それに、私たちはたまたま染料に使っているけど、うちだったらこうやって利用するみたいな人がどんどん増えて、みんながもっと産廃を有効利用できればいいなと思って。再生紙なんかはずいぶん当たり前になったけど、そんなんじゃまだまだ追いつかない。本当はいろんな会社が、ホームページなんかに、うちではこんな産廃が出ますって表示することを義務づけたりしたらいいんじゃないかな。ある人にとっては買ってでも欲しい価値のあるものかもしれない。ゴミが宝になるかもしれないんだよ。

——誰かにとってはゴミでも、違う誰かにとっては宝になる。

そういうのって、かわいい

——日本独自の染料である柿渋をジャパン・ブラウンと呼んで絶賛していますね。

草木染めのなかでも柿渋って別格なんです。染色の際には熱染といって、植物をグツグツ煮てから、金属を入れて色止めするのが一般的なのね。だけど柿渋は非加熱で、青柿を搾って常温保存しておけばできるの。しかも、紫外線が色止めになるんです。

——金属も火も使わずに染色ができる。

うん。人間のエゴがほとんど入ってないっていうのかな。柿渋はぜひとも使いたい材料だった。尾道は昔、柿渋の一大産地だったので、柿渋の農家さんを探したんだけどもういなくて。

尾道市の北部の御調町《みつぎちょう》は、かつて干し柿で栄えた集落で、柿農家さんは減ったものの、柿の木自体はたくさんある

のね。私がある柿農家さんに柿渋の話をしたら、つくってみたいって言ってくれたんです。で、つくり方を教えたんだけど、ぱったり連絡がこなかった。諦めちゃったのかなあって思っていたら、2年後のある日、できましたって。ちなみに柿渋液って2年寝かせるんだけどね。その方は早期退職して東京から実家に戻ってきたんだけど、「尾道柿園」っていう会社を立ち上げて、柿渋液のパッケージも自分でデザインして、完成した商品として持ってきてくれたんですよ。

――諦めたどころか本気だったんだ！　しかも御調町は限界集落だけど、これをきっかけにいま、再び柿の里として再生しようとしてるという。

あとね、柿渋に並んで、藍もすばらしい素材なの。

――こちらはジャパン・ブルーとしてけっこう認知されている、やっぱり日本独自の染料技術。

藍は自分たちで育てているぶんだけでは足りないので、農家さんにお願いして栽培してもらっているのとを合わせて、尾道のピザ屋さんから灰をもらってきて染めてるんだ。

もともと自分たちだけですべての材料を調達するのは無理だと思っていたから、他の人といかに連携をとるかっていうところがポイントでしょ。こんな感じで、なんだか欲しいものが集まってきちゃって、これはいいぞって。

――ワタ染めというのは？

商品は基本的にここの工場でつくってる帆布を買って使っているんですけど、自家栽培の綿で帆布をつくりたくて。でも私たちが育てていたのは和綿っていう日本の在来種で毛足が短く、それだけだと帆布はつくれないことがわかったんです。だから毛足の長い洋綿とブレンドして、糸からつくって。

でね、和綿の茎の部分を染料にしているんです。植物繊維というのは基本的に染まりにくいんだけど、綿生地は自分から出たものでつくられてて、要は同じ体の一部だから、相性がよくて。他の染料はあんまり入らないんだけど、自分自身の茎だったら色が入ったという。そういうのって、なんかかわいいよね。

——愛おしいねえ。それも研究をしているなかで知ったことなの？

そう。たまたま発見したの。染色っていろんな文献があって、この植物からこの色ができるっていうのはたいがいもう知られているんだけど、綿の茎はなかったし、レモンやキウイなど新しく国内に入ってきた植物も多いから、在来種ではない色のデータは少ないんです。

——ある意味、世紀の大発見だね！

地域循環型の産業で つながりのあるみなで生きる

そういうなかで、立花テキスタイル研究所の商品としての5色が決まっていきました。地味な色ばかりで、なんでもっときれいな色を出さないのって思う人もいるかもしれないけれど、追いかけてるのはそこじゃなくて、産業にしたいので。

まあ、ものをつくるってことに対する自分への言い聞かせだよね。私がつくっているものは産業廃棄物としてゴミになるものに少しでも光を当てているんだっていう理由があるからこそ、私はやめずに続けていけてるんだと思う。結局のところ私はものを生み出さないと生きていけない人間だけど、そこに立っていると排泄物が多すぎるなって感じてて。それがずっと自信のなさにつながっていたのを、この仕事で払拭しようとしているのかもしれない。

――同じく武蔵美の卒業生の友人が、大きい作品ばかり制作してて。でも展示が終わると結局、全部粗大ゴミになってしまう。それがどうしても許せなくなって、食での表現活動に転向した人がいるのよ。

気持ち、わかるわー。さらにもっと他企業などと連携できれば、すべてのゴミを消化できるんじゃないかって思ってるんだけど。そういうサミットを開いてマッチングっていうのもやったことあるんだ。人と一緒に考えながらつくっていくって、おもしろいじゃない？

――不要になるか宝になるかって、人間関係もある意味、そうかもしれないねえ。「工房尾道帆布」にしても「尾道柿園」にしても、その人にとっての運命的なことが、カオリさんがきっかけになって動き出したんだし。

人間が絡んでいる仕事だからね。やっぱりつながりのあるここの人たちと一緒に生き残りたい、と思うじゃない？　私がいまやってるようなことって、じつはどこでもできるんですよ。私の場合はたまたまここに織工場があったんで無理なくできたという面はあるにしろ、どこにだって植物は生えているわけで、材料はいくらでも見つかると思うから。

新里カオリさんの“仕事の相棒”

尾道

「たまたま染めたり織ったりする仕事をしているけど、生活と直結しすぎて、自分のなかでは全部つながっちゃってるんです。朝起きてから夜寝るまでの、どこからどこまでが仕事で、どこからどこまでがそうじゃないのかわからない。移住希望者に不動産の斡旋なんかもかなりしてるけど、一銭ももらってないし（笑）。でもここに住まう人たちと、ここに育つ植物と。尾道という土地でしかできないことを、私はやっているんだと思います」

海を舞台に生きる知恵を伝導する

ちゅらねしあ　八幡 暁さん

この体ひとつで、何ができるのか。
この体ひとつで、どこまで行けるのか。
生きるために必要なものを自力で手に入れながら
根源的に生き延びる方法を、その人は模索し続ける。
そこに、海があるかぎり。

名前

八幡暁

仕事

海洋人間

この仕事を始めたきっかけ

浜辺で食べたとれたてのウニ

やはた・さとる

1974年、東京都出身。海に生きる人々の暮らしに触発され、国内外の漁村を見てまわる。2005年、沖縄・石垣島に移住。「ちゅらねしあ」設立、八重山諸島をフィールドにした“生きる”を実感できる唯一無二のツアーを開始。オーストラリアから日本までカヤックで横断する「グレートシーマンプロジェクト」、海から日本を再発見する「海遍路」はじめ、海における人間の知恵を使った生きざまを体現している。

www.churanesia.jp

手足を動かすのはなんのため？

——東京・福生で生まれ育った八幡さんが漁師に興味をもって、海をベースに暮らすようになったのはなぜですか？

親父の海好きに影響されたんでしょうね、簡単にいえば。

——お父さんはどこの人なんですか？

北海道育ちです。親父は僕が26歳のときに他界したんですが、死んでからわかったことには、八幡家は親父が小さかったころ、漁師だったらしいんですよ。

——うわあ、知らずして、血に導かれたんだ！

漁師で船団を組む親方だったようで、祖父《じい》さんか曾祖父《ひいじい》さんの時代、ニシン漁をしているときに新造船が沈んでしまって、乗組員も亡くなり、莫大な借金を負ってしまった。貧乏になって大変だったそのときのことを親父はすごい覚えていたようですね。だから、これからの時代は勉強しないと世の中を渡っていけないという思いが強かったんでしょう。親父には勉強しろってよく言われてました。兄たちは勉強してたけど、僕は勉強嫌いで諦められてたな。

だから漁師の家系だってことは知らなかったんですが、家ではよく親父が魚をさばいてて、アンコウが一匹丸ごと食卓に上ったりしてました。お相撲さんが優勝したときにしか出てこないようなデカい真鯛とか(笑)。

——東京の一般家庭ではなかなか見かけない光景。

北海道の海に遊びにいけば、親父が海に潜ってウニやムール貝をとってきたりしてました。いまでは密漁のルールが厳しく敷かれていますが、昔は、土地の者は許されるような暗黙の了解があったんでしょうか。まあ、ウニや貝をとるのはべつに難しいことではないけど、それでも経験がなければできないですよね。で、それを浜辺で火を焚いて食ったのがものすごくおいしかったっていうのが、最初の食の記憶です。その感動が大きかったから、おそらく学生時代に〝海〟というキーワードに引っかかってしまったんでしょうね。ちょうど、子どものときからずっとやってた運動をやめてしまったときでもあって。

――何をやってたんですか？

小学生と中学生のころは野球、高校と大学はアメリカンフットボール。本気ではやってましたけど、まあ四流でした（笑）。アメフトをやるために大学に入ったようなものなんですが、体育会系のしきたりが嫌で辞めちゃったんです。

で、目的がなくなってしまったときに、たまたま見かけた新聞記事に出ていた漁師に魅了されてしまい、一方的にその人に会いにいっちゃった。

――八丈島に。

そう。結局、会ってもらえなかったんですけどね。でも地元の漁師さんと知り合って、わけを話したら、もっとすごいやつを紹介してやるよって。その人は素潜りの達人でした。一緒に潜らせてもらって、人間ってこんなことができるんだ！って感動したんです。深い海に潜って、魚を突いて、その場で締めて、食べる。それらの行為すべてがすごいと思って。

それまでは、体を動かすといえばスポーツだったから。スポーツって、競争して勝つとか記録を更新するといった目的があるじゃないですか。でも魚をとるのは、つまり手足を動かすのは、生きるためなんだ！って。街に暮らしてたら普段、〝生きるため〟なんてこと意識しないけど、初めてそれにふれた瞬間だった。身のまわりにあるたいがいのものはなくても死にはしないけど、食い物がなければ死んでしまう。だから人間は、食うってことがとにかく大事。生きるってことの実感というのかな。自分もここから始めたい、と思ったんです。

魚さえとれれば死なない

――その思いが今日まで続いてるんですね。ところで、就職したことがないそうですね。

はい。学生時代、まわりが就職活動してるときには、俺は就職しないって宣言してましたから。で、大学を卒業した翌日に、出ました。

――どこへ？

海へ（笑）！

――でも、じゃあどうやって生計を立てていたんですか？

そんなこと、考えてなかったですもん。

――実際、どうやって生きていたわけ？

魚をとって。魚さえとれれば死なないっていうマインドに、すでになっていたから。

——おお！　どこで魚をとっていたんですか？

いろんなところで。1ヶ月バイトして旅費を貯めては3ヶ月旅をする、というのを繰り返してました。沖縄、長崎、北海道、インドネシア、トルコ……とにかく行ってみたいところを訪れては、現地の漁師に会いにいくという生活。

そうやって興味のある場所をひととおりまわったころには、どこにいてもやれるっていう自信がついていたんです。やれるっていうのは、生きられるという意味。海にいれば死なないっていう確信をもつようになっていました。

じつは学生のとき、就職しなきゃ不安だっていう気持ちも少しはあったんですよ。でも、そういう考え方をするのは意識的にやめようと思って。どっちが得かみたいなことだと、有利なほうの選択しかしなくなるから。だから、俺がやりたいことを選ぶんだと決めてしまおうと思ったんですね。それで、このころにはもう、自分で生きられる、になってた。

——その確信が自分の芯にあるっていうのはすごく強い。このご時世はとくに、みんながそれぞれにそう思えたらいいのにって思います。

食べ物を自分で手に入れられるっていうのはめちゃくちゃデカいですよ。いま上の子どもが小学3年生で、勉強はあんまりしませんけど、魚だけはとれる。魚のとり方、水源の探し方、野草の食べ方も教えてあります。だから、父親としての俺の役割はもう終わったようなもんだと思ってます。仕事なんかなくても、水と食い物さえ確保できればどこででも生きていけるから。生きてれば

ＯＫって、よく言ってるんですけどね。

道なき道が開かれる

――カヤックとはいつ出会ったんですか？

25～26歳のとき。歩いて行ける、気になる場所にはひととおり行って、世界をもっと見てみたい、そのための移動手段が欲しいと思っていたときに知ったんです。僻地でも道路がつながってれば結局、お金を使って暮らしてるじゃないですか。道路から離れて初めて、電気や水道が通ってない暮らしがあるわけで。まあ、カヤックだってグラスファイバーでできてるから文明の利器ともいえるんですが、少なくともエンジンは使わず、人力で移動する道具です。文明のないところで暮らしている人たちも手漕ぎの船で漁をしていたりするので、学びを得れば、少しは同じ土俵には上がれる気がしていました。

――道がなくて海からしかアクセスできないような場所

でも、それがたとえ船が接岸できないような断崖絶壁でも、カヤックでなら、上陸できる。カヤックを手に入れたことで、世界中行けないところはなくなった！と言ってましたよね。ちなみに海外の漁村に個人で海から入るときって、入国手続きはどういうことになるんですか？

それが、船舶と違ってカヤックの場合は、どうすればどうなるっていうルールはないもんだから、難しくて。

——決まりはないんだ。他にそういうことをする人がいないからか。

そのつど手探り。担当官によって、許可が下りたり、下りなかったり。いずれにしても、いきなりOKってことはまずないですね。だから政府の高官みたいな人を探してきて、できるだけ直接交渉する手立てをとるのがいちばんの早道です。

——その耳寄り情報、私には不要だわ（笑）。

ある意味、海を渡ることよりも難しい。僕にしたって、海の暮らしを知りたくて、漕がなきゃそこに行けないからそうしてるだけであって。あんな大変なこと、やらなくていいならやりません。

——他に方法がなくて、しかたなくそうしている。

人間がどこまでできるのか知りたい気持ちももちろんありましたけどね。さらに、そこに住んでる人たちにアプローチするためでもあります。僕自身がリスクを負って人力でその海を渡ったからこそ、地元の人たちの気持ちがわかる。そうか、こんなに激しい海で漁をしてるから、そういう考え方になるんだな、とかね。

淡々とちゃんとやれれば腑に落ちる

——そもそも石垣島に定住したのはなぜなんですか？

自然も人もすばらしかったし、トレーニングの場として最適だったから。

――カヤックの？

うん。激しい海域を渡っていくための練習をしなきゃいけないから。行く場所はだいたい赤道直下なので、体が暑さに慣れていないとしんどいんですよ。だから体をつねに高温下においてトレーニングするっていう。そういう意味で沖縄は国内でいちばんあったかいし、はじめにカヤックを漕いだのが西表島だったんで、土地勘があったこともあって。

で、この場所で働くことを考えてみた末に思いついたのが、自分の身体の隠された可能性を感じられる、生きることを体験させるツアーをやったらいいんじゃないかと。そこまで求めている人は多くないかもしれないけど、少しはいるのかな、と。自分がそうだったから。

――それで「ちゅらねしあ」を立ち上げたんですね。最初はどうやってお客さんを呼んだんですか？

オープンした年は、オンシーズンなのにお客さんはひと月で10人足らず。でも、その年に単独で西表から那覇まで漕いだんです。当時の僕はカヤック業界で無名中の無名でしたけど、なんか無茶なことをしたやつがいるぞって噂が広がったのかな。カヤックをやっている人が少しずつ来てくれるようになりました。

キャンプツアーでは、僕がとってきた魚を直の焚き火にくべて食わせるでしょ。ダッチオーブンで熟成パンをつくったりチキンをグリルするようなおしゃれアウトドアとは趣がかなり違って(笑)、超ワイルドな漁師式だから、お客さんは驚いたのかも。それが口コミで広がって、2年目からはそれなりに忙しくなりました。

ガイドというのは、一度に相手にできる人数は少ないけれども、直接伝えられるので、僕にとってはすごく合っている仕事。ただ景色のいい場所に連れていくだけじゃなくて、その人の価値観をちょっと揺さぶるような体験をサポートできるのが、自分の役割としても嬉しいですね。沖縄の青い海と青い魚を見せるだけでも、たいがいは喜んでもらえるんですけど、自分が楽しいと思える意

識を保つうえでも、いまのやり方はいいと思ってるんですよ。

——生きることと仕事が分け隔てなく、一緒くたになっているんですね。生きることと直結しているというか。

うん。自然相手の農家などにしたって、休みの日なんてないですもんね。生きることは休めない。生きるためにやるべきことを、淡々と、ちゃんとやれれば、ありがたいと思って生きられるんじゃないですかね。「いただきますって言いなさい」なんて諭すことよりもずっと、ああ、日々生きられているな、ありがたいなって、腑に落ちやすいと思う。

なぜそれをするのか

——私が八幡さんと初めてお会いしたのは約10年前です。というと30代半ば、社会的にはいちばんわかりやすい活動をしていた時期ですね。前人未到の海をカヤックで渡る！みたいな冒険的要素が強かった。

——いまはそういうモードではない？

そういう時期は、もう過ぎた。知りたい世界はだいたい見て、学びたいことがある程度、満たされたのかもしれない。どういう能力があれば海を渡っていけるか、どうやればどこまで行けるのか、どうなると死んでしまうかということが、経験則から具体的にイメージできるようになったので。もともと、激しい海に挑戦すること自体を目的にしていたわけではなかったし。

子どもが生まれたことも大きいですね。僕が見て感動してきたことを、子どもにどう伝えようかということに関心が変わってきたんです。それこそ10年くらい前から。

――子どもというのは、まずは当然、我が子のことだと思うけど、世の子ども全般のこともいっている？

まずは自分の子どもに何か伝えられることがあるかって考えるじゃないですか。遠征に出ればお金もかかるし、その間は仕事もできないわけなので、家庭を顧みず、そこまでしてもやる意味があるのか考える。で、自分のそんな行為を正当化するために、子どもに伝えるべきことがあるからやるんだ！的な（笑）。じゃないと、ただの道楽になっちゃうから。要は、自分はなぜそれをするのかを振り返ることが増えたんですね。そうして考えることで、自分が何に感動したのかとか、何を伝えたいのかということが言語化できるようになってきました。

ちょうどそんな時期に、フィリピンの黒潮の源流海域にある漁村の調査に協力してくれないかと高知大学から依頼がきたんです。やることは僕がいままでやってきたこととほとんど一緒なんですけど、違ったのは、教授やゼ

ミ生を連れて現地に行かなきゃいけないってこと。なおかつそこで調査のサポートをしないといけない。労力に対する見返りは少ない。それでもやる意味があるのか、とか。

――自分の命さえ守ればよかったのから、人さまの命を預かって、その人たちのぶんまでリスクや責任を負うことになる。

うん。自分の子どもにだけ教えても、社会全体がよくなるわけじゃないですもんね。そんなこんなで、自分が社会で果すべき役割について考えるようになりました。

目黒川を攻める

これまで世界各地の漁村を見てきて感じたのは、彼らがやってることって、ムラ全体として生き延びるっていうこと。外とつながってなくて、お金を払えば食い物が手に入るという世界ではないので、自分たちの環境をいか

に手入れして壊れないようにするかが命題なんですよ。それはべつにロハスでもサスティナブルでも、環境保護の観点でもなくて、自分がそこで生きるためにそうしてる。そんなことが僕のなかで整理されてきて、じゃあ都市はなぜそういうことをしなくなったのかと。

——それ、すごく興味があります。

都市は結局、その役割が全部お金に代わっちゃってるんですよね。面倒なことはすべてお金がやってくれる。サル族のなかでもめちゃくちゃ弱い生き物である人間は、協同する脳みそをつくったのが生き延びるための最大の発明だったらしいんですけど、お金のおかげで協同しなくても生きられるようになっちゃった。

——逆にいえば、お金がないと生きられないという現実というか、錯覚というかが生まれてしまった。

うん。そこから現代的な問題点がいろいろ出てきてるんだなってわかってきたわけです。かといってお金をなくすことはできないし、文明は享受して生きざるを得ないんだけども、都市で失ってしまったもの、自分たちで排除してしまった大切なことを取り戻す活動は、しなきゃいけないんじゃないかって思うようになって。

「ちゅらねしあ」は、人間として生きるうえで大切なことを伝えるつもりでずっとやってきてるんですね。食べ物をとったり、育てて食ったり、火を熾したり。でも、それは石垣島のような豊かな環境だからできるんですよってお客さんから言われることが増えてきて。いやいや、むしろ都市でこそやらなきゃいけないことでしょ、と思ったんですよ。

2014年に神奈川の逗子に引っ越したのは、それを実践してみたかったからです。で、まず何をやったかというと、目黒川を攻めたんですね。

——攻めてましたねえ(笑)。

川こそが都市に残された、かけがえのない大切なことを体験できる場所。自然のリスクを実感できつつ、子どもが遊べる場所です。都市のなかに大自然を感じさせる場所をつくってしまえということで、ゴミを拾ったりデッキブラシをかけたりして川をケアしつつ、子どもらと遊ぶ活動を始めました。人が生きるうえでいちばん大切なのは水だから、都市の水の問題点を認識させる目的もありました。だけど、苦情がくるようになってしまって。

――えー、なんで?

自然のリスクがあるところには近寄らないでほしいという話はよくされましたね。それに、目黒川の問題が顕在化されると、地価が下がるって。

――なんだー、お金の話になるのか。がっかり。

自分たちの環境をよくしたいって思うものだと思ってやってるのに、結局そこ?って拍子抜けして。俺なんて逗子から通ってきてゴミ拾いしてるのに、これは消耗していくだけだな、と。

生き残るための知恵の伝授

――それでターゲットを地元の逗子に変更したんですね。

逗子は、自然はいい状態でした。ただ、子どもが日常的に遊べていないようだったから、公園に毎夕、出没して、子どもたちと木登りしたり、火を熾したり、やりたい放題遊ぶことから始めたんです。

――ワイルドに遊びまくってくれる謎のおじさん、現る(笑)。

まさに(笑)。でも、それらはすべて生きるのに大切なことだから。で、ただ危ないことをさせてるわけじゃなくて、一応意図があってやってるらしいってことが、だんだん認知されてきて。

——『情熱大陸』にも出演してたし、ちゃんとした人らしいよ、と。

ああ、そういうのも役に立ったかもね。公園で一緒に遊ぶ仲間がだんだん増えてきたんです。で、地域でもともとそういう活動をしていた人と知り合って、一緒に動いて地域全体でちゃんとした流れをつくりましょうということになって。それでママさんたちを巻き込んで、「そっか」という一般社団法人を立ち上げたんです。

——いまや500人もの人たちが関わっている地縁コミュニティですね。

逗子に越して3年、ようやくかたちになって、これから本格的に活動するっていうときだったんですが……。僕がいなくなってから「ちゅらねしあ」の売り上げがガタガタに落ちてしまって、これはヤバい、と。店じまいして逗子に残るか、石垣に戻るかの選択に迫られたんです。「ちゅらねしあ」は他ではやってないことを狙っている店で、なくすのは惜しい。考えた末に、石垣に戻ることにしました。

――でも逗子のその活動は、いったらボランティアでしょう。その間、どうやって生計を立ててたんですか？

立ててないです（笑）。逗子に住んでた3年間は、ほぼ無職。でも、街でだってできることや、やるべきことをやろうと思ってやってきたので。食える雑草や海藻のとり方や、魚やカニのとり方、火の熾し方、水源のありかを、遊びながらみんなで学んでいきました。だから逗子でもし電気やガスや水道が1週間止まっても、僕らの子どもたちはきっと生きられますよ。

――八幡さんの行為自体ははじめから変わっていないけど、意味が違ってきている、ということなんですね。

そうなんです。個人的な挑戦を突き詰めていくみたいなところから、もうちょっと社会的な活動にシフトしてきました。自分の肉体的な可能性の探求から、誰でもできることとして共有しないといけないと思って。それがさっき話したムラ全体として生き残るってことで、僕はみんなにその方法を伝える役目なんだなと思うようになったわけです。まあ、「そっか」に関しては、僕がいなくなってからのほうがむしろ加速してうまくまわってていますけど。

――暴れん坊がいなくなったからかなー（笑）。

いま、小学生と中学生のアフタースクール、児童館や自主保育の運営も始まってる。来季からは認可外ですが保育所も始まる予定で。こんなに自分たちでまわせている地域って、国内でもあんまりないいんじゃないかな。

――ところで、石垣にはこの先もずっといるつもりでいますか？

あんまり場所にこだわりはないのでわかりませんが、ここは居心地がよくて、仕事は合ってるし、暮らしもとても快適なんですよね。誰かから何か依頼があれば別ですけど、ひとまずはここでゆるゆると暮らしていくんじゃないかな。

楽しいって実感をもてる何かを手に入れられるのが、人間が生きるうえでどれほど大事かと思いますけど、それは街でも田舎でもできるってことはわかって、とりあえず自分がやるべきことはやったかなと思っているので。

――そう明言できるのはすごいなあ。

いま、余生だと思ってますから（笑）。もはやなんの野望もない。あとは地道に、畑の手入れをしたり、子どもに教えたり。好きな世界は見られたので、明日死んでも悔いはないくらいです。

八幡暁さんの"仕事の相棒"

身体＝海

「自分の手足を道具にして動かして、自力で生きるってことだから、僕の仕事は体ひとつあればできます。で、人間は塩をとらなければ死んでしまいますけど、その塩は海水からつくりますよね。ってことは、海がなければ生きられない。人間の体における水分は70%、地球における海の割合も70%で、奇跡的に一致している。だから僕の相棒は、身体でもあり、海でもある。海は身体の一部だということもできます。生き物はすべて海から生まれたんだから、生命共通の相棒は海なのかもしれませんね」

みんなの長所を結集させた本づくりで、世界をちょっとよくしたい

ニーハイメディア・ジャパン　ルーカス B.B.さん

日本の魅力にいち早く気づき
まだ誰もやっていないアプローチで世に送り出す。
時代より先を、ちょっといきすぎているくらいのスピード感。
その柔和な表情とは裏腹に、きっと明晰な頭脳。
だけどその人生の半分以上、日本に暮らしているからだろうか。
どんどん日本人の顔つきになってきている気がする。

名前

仕事
クリエイティブディレクター、編集人

この仕事を始めたきっかけ
友だちからの質問

ルーカス B.B.

1971年、アメリカ・ボルチモア出身。日本が心の故郷のアメリカ人。大学卒業翌日に初来日、そのまま東京に定住。1996年、アメリカで「Knee High Media」を創業、翌年「ニーハイメディア・ジャパン」を設立。以来、『トキオン』などカッティングエッジな数々のメディアを手がけてきた。トラベルライフスタイル誌『ペーパースカイ』やパパ・ママ・キッズのための『マンモス』を制作・発行する他、自転車や音楽などのイベントも展開中。

www.khmj.com

2IN-ONE

言霊《ことだま》の本領発揮

――どうして日本に来たんですか？という質問はこれまでおそらく何百回とされてきただろうけれども、その答えにはいくつかバージョンがあるじゃない？　今回はロングバージョンでお願いしたいんです。いままで話していないようなこともあれば、ぜひ訊きたくて。

いいですね。どんどん引き出してください（笑）。

――今回のインタビューにおける私のチャレンジは、ルーカスの話す日本語をどこまで活かした原稿にするか。日本語は上手ではあるけれども、けっこう癖がありますよね。でも雑誌やウェブで見かけるインタビュー記事では小慣れたしゃべり方に変換されているのがおかしくって。なのでなるべくそのまま伝えたいなと。

そうだね。でもあんまりそのままだと、なんでこんな人にインタビューしたのって感じになっちゃうから気をつけて（笑）。だけどね、僕、英語も癖があるのかも。いろんな国でいろんな人に会うけど、僕がアメリカ人ってみんななかなかわからないみたい。複数の言語が話せる人に会うと、英語が苦手なら違う言葉で話そうか？って言ってくれるけど、僕の母国語は英語だから！

――英語も日本語も通じない場所に行ったときの、おもしろい話があるじゃない？

ああ、スペインのマヨルカ島だね。スペイン語は僕はほとんどできないし、英語も日本語も通じないから、諦めて日本語で話してみたら、それがいちばん通じた。たぶん勝手の解釈すると、日本の言葉はスピリットが入ってると思う。

――言霊ね。

そう。気持ちが通じる、生きてる言葉だっていうのを確かめられたというか。わかってないけど、さっきよりは

わかってるっぽいなって。で、日本語で話すようにしてからはいいことが起こるようになった。オレンジやアイスをもらったり、タクシーにタダで乗せてもらったりとか(笑)。

――日本語はどうやって習得したの?

日本に来てから。友だちとしゃべるがいちばんだけど、日本語学校も半年くらい行って。生徒はほとんど中国人とか韓国人だった。仲よかった学校の友だちが中国人で、彼は英語がわからないし、僕は中国語がわからないから、お互い日本語でしゃべるしかない。

――それでルーカスの話す日本語は、ちょっと中国人のしゃべる日本語っぽいんだよね。日本に来る前は何をしてたんですか?

小学生のときから本をつくってた。学校の新聞とか街の新聞とか、記事を書いて、編集して、デザインして。

——40代半ばにして、エディター歴約40年。

完成のイメージがないとつくれないから、妄想と編集はマッチングがいいと思う。そこで何をどうやって伝えていくかが大事でしょ。そのプロセスのなかで、チームのみんなの気持ちや目的を通じ合わせる必要がある。言霊と一緒で、具体的に目には見えなくても、誌面にそれは表れると思う。

——空気感はどうしたってにじみ出ますね。

買われた探偵の腕

——じゃあ、子どものときからやってることは変わらないんだ。

うん。3歳くらいからそんなに変わってない（笑）。昔の写真を見ても、いまと見た目がそんなに違わないし。

――外見も中身も変わってないって、ちょっと問題ありません（笑）？

だね。でもひとつ、たぶん人生に大きく影響してるのは、すごい病気をしたの。ネフローゼという、けっこうそれで死んじゃう人もいっぱいいる。それが3歳から高校生くらいまでずっと続いただね。入院して、注射をいっぱいして、強い薬を飲んで。それがあったから、生きてることがラッキーという感覚がある。

――完治したの？

完全かはわからないけど、入院するほどとか、そういうのはなくなった。でも病気したとしないとでは、世界の見方が変わってくると思うから。

――自分がこれでごはんを食べていくんだってはっきり決めたのはいつ？

本づくりを仕事にする前に、働き出したのは、大学のときから。親と喧嘩して学費を自分で払わなければならなくなって、いっぱい働くようになったんだけど、それだけでは足りないから、株もやって。

――知らなかった！

それでもまだ足りないから、サンフランシスコの警察の部署で探偵のバイトして。

――それは知ってた（笑）！

僕、探偵がめっちゃ向いてる。探偵と編集、仕事の内容が一緒だと思う。だからたぶん、ミックさんも探偵できるよ。

――そうかも。リサーチが肝要だもんね。

そう！　リサーチと、あと取材。人に聞いた話をまとめていく。そこのスタッフより学生の僕のほうが仕事ができたから、3年間やったあとにスカウトされたんだけど、日本に行くことにしたから。

ウィンウィンのおにぎり

——日本にはどうして興味をもったの？

サンフランシスコの紀伊國屋書店で、日本の雑誌を見てびっくりしたのがきっかけ。僕、大学の劇の衣装デザインをやったりもしててファッションも好きだったんだけど、日本のファッションは「コム・デ・ギャルソン」にしても「ヨウジヤマモト」にしても、センスが全然違っててすごいって思った。雑誌のデザインもかっこいいし、文字も英語じゃない言葉が並んでておもしろいし、いっぱいびっくりした。

大学ではアメリカ文化を勉強したからアメリカのことばっかり見てたけど、まわりにはいろんな国からの移民の友だちがいて、言葉と文化がいろいろあるのはおもしろいなと思ってた。卒業したら自分の知らない世界を見てみたいと思って、それで日本に行ってみたい、と。

——おにぎりが好きだったたって話は？

おにぎり自体は小学生のときから食べてたよ。ランチタイムは学校の購買でチョコレートミルクを買って、ジミーからおにぎりを買ってた。でもその時点では、それが日本のおにぎりっていう食べ物だってことはわからない。日本に来てから知っただね。

——日系人の友だちから、彼のお母さんがつくったおにぎりを買い上げてたんだよね。

そう。ジミーはたぶん、友だちがおにぎりを気に入ってるとお母さんに話して、予備をつくってもらって持ってきてたんだと思う。

——もしかしたら彼はそれで儲けてたのかも。

でも普通のランチ買うより安いのにおいしくて、僕も助かってたから、ウィンウィンだね（笑）。

ノープランで初来日

——卒業旅行で来日したんですよね？

卒業式で、黒いガウン着て四角い帽子投げるじゃない？　あの帽子投げて、次の日に日本に来たの。

——次の日！　小さいデイパックひとつ背負って。

そう。旅経験なしだから、全然わからないから。

——いまや旅の達人のルーカスが、初々しいなあ（笑）。成田に降り立って、さて、どこに向かったんでしょう？

それまた説明しなければならない話がある。僕の大学とＩＣＵ（国際基督教大学）が姉妹校だったから、ＩＣＵの学生がたまにうちの大学に留学に来てた。その人たちに学内を案内するバイトもしてたんだけど、この日に僕は日本に行くから、誰か迎えにきてくれないかって声をかけた。でもそれ、ちょっとドキドキだね。いまはEメールで確認できるけど、当日まで本当に迎えにきてくれるかわからなかったから。

——迎えにきてくれた？

うん。でも、とりあえず迎えにくるだけの約束だったから。で、東京まで連れてきてくれて、そのあとどうするかわからない。僕もノープラン。じゃあとりあえずうちにおいでって、彼の家に連れていってくれた。でも僕が来ること家族は誰も知らないから、家族会議になって。

その家族は、お父さんの仕事の都合で大阪から来ていて、とにかくまずごはんを食べようって。ビールを飲みながら、阪神の試合をテレビで見て、そのあとまた、じゃあどうするって話して、まあお風呂でも入ったら？って。

——家族会議がいっこうに進まない（笑）。

で、お風呂上がって、またどうするかって。とりあえず今夜は泊まってってたらって。で、朝起きたらみんなもう出かけてて、お母さんと僕だけ。夜になってみんな帰ってきて、ひとまず、うちにいていいよってなった。それで日本、いいところだなと思っちゃった。
その家のお兄ちゃんがちょうど仕事を探してて、アルバイト雑誌を見て電話して面接に行ってる。そういうふうに仕事を探すだなと思って、僕も英字新聞を買いにいって、仕事募集欄をチェックした。でも土地勘がないから最初は長野に面接に行っちゃった。めちゃ遠かった（笑）。

——なんの仕事？

探偵以外だと、英語を教えるしかない。

――日本で探偵するには、そのルックスは目立ちすぎるしね（笑）。

だから英語しかない。結局は横浜で子どもに英語を教える仕事に就いて、1年くらいやってた。

アメリカンドリーム・イン・ジャパン

そんなとき、日本で就職した学生時代の友だちに、「ルーカスはずっと雑誌をつくってたのに、なぜいまはやってないの」って言われた。自分でそのこと忘れてたよ。

――仕事とつなげては考えていなかった。

そう。そういえばそうだなと思って、本つくろうかなと。『ジャパンタイムズ』で記者の仕事もしてて、そのときはまだいまみたいには有名じゃなかったけど「アンダーカバー」の（高橋）盾《じゅん》さんとかNIGOくんとか（藤原）ヒロシくんとか、気になった人たちにインタビューしてたから、そういう人たちに協力してもらって自分で本つくろうとそこで決心した。それが1995年。

――会社を設立したのは？

アメリカで会社登記したのが96年。日本で有限会社をつくったのが97年。こういう本がつくりたいって最初にデザイナーのポール・スミスにプレゼンしたら、おもしろがって出資してくれることになったんだけど、個人名義の口座には振り込めないって。だから、本をつくるために必要で会社をつくった。300万円ないと有限会社はつくれなかったんだけど、そんなにお金もってないから、お金持ちの友だちに1ヶ月だけ300万借りて。1ヶ月間、300万円があることが銀行で確認できればいいというから。

――もつべき友はお金持ちの友だね。

よく貸してくれたよね。で、銀行のいろいろ手続きをして、OKになって、借りたお金はすぐ返して、「ポール・スミス」がお金を振り込んでくれて。

――それでめでたく『トキオン』が誕生したんですね。最初は何部くらい刷ったの?

1万部くらいつくったじゃないかなあ。最初は全部日本で刷って海外に送ってたけど、送料がすごいかかるから、途中からは日本版は日本で、アメリカ版はカナダで刷った。あと香港の出版社が興味をもってくれて、香港版も出した。

――へえ! なんだか、アメリカンドリーム・イン・ジャパンだね(笑)。

そんなことないよ、ぎりぎりだよ!

――でも、よくやったよねえ。異国の地で、しかも出版業界にいたわけでもないのに。

若い、すごいよね。

――『トキオン』のコンセプトは?

当時はゲイシャやサムライのイメージしかなかった日本の文化を、海外の若者に紹介したかった。

――外国人に日本を紹介したかった?

それだけじゃなくて、日本人が、日本の文化をおもしろがってほしいなと思って。僕は日本に来て、こんなにおもしろい文化がたくさんあるとびっくりしたのに、僕のまわり

の日本人自身はあんまりそのことをわかってない。なのに、アメリカやヨーロッパの文化はめちゃ詳しい。それはそれでいいけど、日本だっておもしろいよって日本人に気づいてほしかった。

——沢田研二を表紙で撮り下ろししたり、植田正治に鳥取砂丘でフォトシューティングしてもらったり。

植田さんはあれが最後の撮影だったと思う。そのあとすぐ亡くなっちゃったから。

——なんと、遺作とは!

温泉みたいに快適

——デイパックひとつで日本に来て、ほぼそのまま今日まで日本にいるんですよね。

そう。ビザをとるためにアメリカに帰ることはあるけど、帽子投げた次の日から、住まいはずっとこっちだね。

——なんでそんなに日本が気に入っちゃったんだろう。

最初は、やっぱり人だね。僕を住まわせてくれた家族と会えて、こんないい人たちがいるだな、というのがひとつ。あとは、うどんがすごい気に入って(笑)。野菜がたっぷり入ってるけんちんうどんを毎日昼ごはんにしてた。お金をかけずにそれで1日サバイブできるから。うどん

PAPER
LUGGAGE
SARUTAHIKO
COFFEE

だけじゃないよ、日本は食べ物がおいしいなって思って。あと、安全がすごい大きい。アメリカでは、日常にものすごく緊張感をもってないと生活できない。この人に何をされるかとか、あそこに行ったら危ないかもとか、つねにそういう頭でいるから、すごい疲れる。アメリカから日本に来るとそういうガードがなくなっちゃうから、働いたあとに温泉入ったときみたいな、シューッと抜けた気持ちになる。すごく楽。

あとは、国が小さいなのに、アラスカとハワイみたいに違う風土があるじゃない？　ちょっと行くだけで文化とか景色が変わるが、すごいおもしろい。それがアメリカだと飛行機で何時間も飛んで、クルマで何時間も走って、やっと景色が変わる。

――そうだね。東京でも、中央線に乗ってるだけで都心から山まで行っちゃうもんね。

いまは前より新幹線も増えたし、飛行機でどこへでも行ける。『スター・トレック』みたいにすぐポッポッポッポッて行ける感覚がすごいおもしろい。

――ルーカスは、生まれる国をまちがえたのかも。

そうかもしれない。でも、アメリカも嫌いじゃないよ。

――だけど、アメリカに2週間も滞在してると日本に帰りたくなってソワソワするって言ってたでしょう。もはや日本がホームタウンになっちゃってる。

たしかにホームはここだね。でも、たまに行くは好きだよ、アメリカ(笑)。

少しでも世界がよくなるように

――雑誌づくりはネットワークづくりだとも思うけど、どうやって人間関係をつくってる？

みんなそれぞれおもしろいものもってると思うから、それを探るのが好きというか、その人のいいところを取り出す。好奇心だね。

9歳下の弟がいるんだけど、アメリカにいたとき、弟たちのサッカーや野球のチームのコーチをよくやってた。みんなすごく練習して、コミュニケーションをとって、弱いチームだったのにチャンピオンになったりする。それってみんなのいいところを引き出していいチームにしていくってことでしょ。

――それに、ルーカスって人たらしだよね。憎めなかったり、助けてあげたい気持ちにさせるところがある。

きっと、僕はいろんなことができないからだね。すごいできる何かひとつはないけど、浅くいろんなことに興味もったり、したりはできるから。

――できる人を知っていて、その人に頼めばいいんだものね。そうじゃないと雑誌はできない。

そこがおもしろいよね。でも、本はメッセージとか社会性をもたせて、人のメンタリティを変えていける力がある。本は好きでつくってるんだけど、もっといい世界をつくっていきたいなってすごく思う。

――壮大だ。

人間、それぞれ思うことはいろいろあるかもしれないけど、僕らがこの場所にいる間に、自分ができる何かしら

で、できるかぎり世界をよくしていく。僕がいるから少しでも世界がよくなる、ミックさんがいるから世界がちょっとよくなるっていうふうに。

——みんながそれぞれに生きて仕事することで、世界が少しずつよくなる。

うん。僕は、なんでこの仕事をやっているかというと、本をつくることで、世界をちょっとよくする努力をしてるつもり。

——でも、たしかにそうですね。どんな仕事であれ、それをすることで誰かの役に立ったり、誰かが幸せになったりするようなものでありたい。人が嫌な気分になったり不幸な気持ちになったりするのは、できれば避けたいよね。

どんな職業もそうと思う。バスの運転手でも、いつも気持ちのいい挨拶をして、車内をきれいにしてる人もいれば、お客に不機嫌な態度で、乱暴な運転をする人もいる。

——自分の気持ちしだいで、どんなふうにも変えられますよね。

〝いい頑固〟で解決に向かう

——それにしても、けっこうな数の人と仕事してるでしょう。『ペーパースカイ』だって特集ごとに違うチーム編成を組んで旅に出るわけだし。苦手な人がいたりしない？

合わない人はいるけど、意識的にこの人は嫌だっていうのは、あんまりないよ。

——ほんとにィ〜（笑）？

ないだね。少なくとも僕と一緒に仕事する人は。みんな絶対、いいところはあるから。

——人格の全否定はしないってことか。

さっきのバスの運転と同じで、やってることに真面目に向き合ってるかどうか、それ大きいね。そこさえあればたぶんＯＫ。子どもチームのコーチと同じで、本人にサッカーやりたい、野球やりたいって本気の気持ちがあれば、いいところを引き出して伸ばすことができるから。人のいいところがおもしろいと思う。それが自分の刺激になるね。

——でもルーカスってすごく頑固で、そのことで人とぶつかることもあるじゃない？

トラブルつくるため、悪い意味でぶつけるんじゃないよ。

解決に向かうためだから。

——でも、だいたい自分の主張は曲げないじゃん。

けっこう諦めないね(笑)。

——その頑固さは私の知り合いのなかでもピカイチですよ。だから、まわりの人はその頑固さを受け入れてくれてるんだよ。私も、もはやその頑固さにムカつかなくなったもん。

悪い頑固じゃないからね。

——それは自分で言うことじゃありません(笑)。

よくするための頑固は、大事もあるだなと思う。

——まあ、ものづくりするうえにおいては、たしかにそうですよね。編集長だし。真面目な話、私もその頑固さとときには相対しながら、ルーカスとの仕事で私自身の宝となるような経験をたくさんさせてもらいました。

本つくるのは、ひとりじゃできないからね。人と一緒に力をうまく合わせてでき上がるもの。そのプロセスがすごい楽しい。いろんな人と協力することで、結果的にちょっと夢のような妄想が、実現できるから。

ルーカス B.B. さんの"仕事の相棒"

香織さん

「香織は『トキオン』創刊のときにスタッフ募集で来てくれてから、ずっと一緒に本をつくってる。結婚もしたから、家でも仕事でもパートナー。うちの会社のユニークなところは、僕らふたりのいいバランスでできてると思ってる。男と女ということもあるし、外国人と日本人ということもある。これがないとダメっていう執着は、できればないほうがいいと思ってるけど、香織はいないと困る」

はじめからそこにあったように、なるべく自然で素直な翻訳を

((STUDIO)) 峯崎ノリテルさん 正能幸介さん

社会人になりたてのときに、私たちは知り合った。
そのころから一緒に仕事をしてきた仲間だから
この本のデザインはぜひともふたりにお願いしたかったのだ。
それがこの本にとって、最もふさわしいと思えたから。

名前

峯崎 ノリテル

正能 幸介

仕事

デザイナー

この仕事を始めたきっかけ

スタジオ・ボイス

((スタジオ)) みねざき・のりてる
しょうのう・こうすけ

1976年、神奈川県出身の峯崎ノリテルと、1978年、東京都出身の正能幸介によるデザインユニット。ともにデザイン事務所「キャップ」に入社、『スタジオ・ボイス』(＊)のデザイナーとなり一緒に手を動かす。2006年、((STUDIO))結成。『スペクテイター』『シルバー』など、エディトリアルとグラフィックを主軸にした体温の宿ったオーガニックなデザインを得意とする。

www.studiostudiostudio.com

＊スタジオ・ボイス
アンディ・ウォーホルによる『Interview』誌にインスパイアを受け、同誌と提携するかたちで1976年に創刊した月刊誌。新進気鋭のクリエイターを起用した特集内容もデザインもすこぶるクールで、サブカルチャー誌の代名詞として一時代を築いた。

703

箱根の子と、東京の子

——ミネくんは桑沢デザイン研究所、正能くんは東京造形大学に進学する以前に遡ると、どんなこと、どんなものが好きでしたか？

正能　小さいときから絵を描くのが好きでした。絵に限らず、版画や陶芸など、なんでもやらせてくれるような美術教室に通ってて。

——じゃあ、わりとそのまま、いまにいたっている。

正能　そうですね。美大を選んだのも、とりあえず絵が描ける環境に行きたいなっていう理由で。それ以外、とくにやりたいことはなかったから。

——でも、音楽も好きだったでしょ？

正能　好きでしたけど、誘われなかったらバンドはやらなかったと思う。

——担当はベースでしたっけ？

正能　……ドラムです。

峯崎　なんでいま小声で言ったの（笑）？

正能　自信をもって言えないから（笑）。

——ミネくんは、バンドはやってなかった？

峯崎　やりたかったですけどね。自分は小学生のときは、ジョン・ケージとかアインシュテュルツェンデ・ノイバウテンなんかを聴いてたんですよ。

——おかしいでしょ！

峯崎　自分のおすすめを学校に持ってっても、同級生に微妙なリアクションしかされず。

――そりゃそうでしょう（笑）。そういう音源は箱根のどこで買えたんですか？

峯崎　いや、買えないですよ（笑）。

――じゃあ、情報はどうやって手に入れたの？

峯崎　9歳上の姉の友だちがそういう音楽ばかり聴いていて、うちに遊びにきたときにいろいろ聴かせてくれたんです。で、うわー！ってなって、その人もおもしろがって、いろいろ教えてくれて。田舎の小学生がそんなんなっちゃったら、まわりの誰ともつながれないじゃないですか。だから、孤独で淋しい幼少時代でしたよ。

――想像するに不憫（笑）。箱根の山のなかで。

峯崎　電波が入らないから、そういうラジオ番組も聴け

ない（笑）。だからそうしたカルチャーにふれるためには、箱根湯本駅の近くの本屋さんに一冊だけ入荷してる『宝島』を買いにいって、それをひたすら読み込むみたいな。誰かと共有できなければ、ひとりでどんどん深く掘っていくしかないから。

——なるほど。『スタジオ・ボイス』はその延長線上なんですね。

峯崎　『ボイス』は当時からすごいかっこいいなと思ってました。こんな世界があるんだ！って、ものすごくキラキラして見えてた。こういうことがやりたいなって漠然と思ってて、デザインに興味をもつ入り口はそこからって感じです。

——正能くんは、ガツンと影響されたものは何かありましたか？

正能　中学生のときにスケートボードに夢中になりました。友だちの兄貴の本棚にある『スラッシャー・マガジン』を一所懸命見てましたね。

——こっちは東京の子だから。

峯崎　ちょっと洗練されてる（笑）。

——友だちもいるし（笑）。

峯崎　それに、箱根と違って手を伸ばせば情報がありますからね。でも正能くん、好きなものはずっと変わってないみたいですよ。正能くんを昔から知ってる人に聞いたら、着てるTシャツが中学のときから同じだって（笑）。

正能　たしかに、同じバンドTシャツを何枚も買い直して着続けてますね。音楽でもなんでも、新しいものに興味をもたないことはないですけど、最終的にはいつものに戻りますね。

自分で考える人間になる

――情報がないなか、桑沢デザイン研究所はどうやって見つけたんですか？

峯崎　さっき話したような世界に興味はあるものの、どうしたらいいのか全然わからなくて。高校3年生のときに美術の先生に相談したら、桑沢という学校があると教えてくれたんです。だけど、おまえみたいなやつは絶対入れないだろうって。自分、美術の先生にすごい嫌われてたんです。

――でも、相談したんだ？

峯崎　他にとっかかりがなかったから。一応、受かったときに報告に行ったら、桑沢ももうダメになっちゃったんだなって嫌味を言われました。

――なんでそんなこと言うかな！　だけど、どうして嫌われてたんだろう。美術は好きだったんでしょう？

峯崎　もちろん好きだったんですけど、教科書に載ってるような名作の類には全然興味がもてなかったんです。キース・ヘリングとかアンディ・ウォーホルとかポップアートが好きだったから、写実的な絵画なんかには全然ピンとこなくて。で、それをよしとする〝正論〟を受け入れることができなかった。

――そういう思いは先生に伝えていた？

峯崎　自分はこんな絵は全然いいと思わないって言ってました。美術なんかはとくにそうですけど、教科書っていうのは勝手な価値観を一方的に押しつけてくるなと思って。誰かにこれが正しいと言われたことをそのまま信じるっていうのは、自分で考えることを放棄しているようで嫌だなと思ってたんです。自分は絶対、自分で考える人間になりたいと思って。

――すごく共感できますけど、子どものときからそこまではっきり自覚している人は、そんなに多くないかも。

きれいな夕陽を見にいこう

――正能くんは、もうちょっとのほほんとしてました?

正能　いまと変わらず、のほほん、ですね。

峯崎　でも正能くんも、昔の話を聞いたらけっこう似たような感じだったから、自分は勝手にシンパシーを感じてたんですよ。

――どういうこと?

正能　小学校、中学校と、ずっと友だちがいなかったんです。

――スケーター仲間がいたんじゃないの?

正能　それは中学生活も終わりのころに、ふたりくらいできただけ。高校でも友だちは3~4人でした。

――でも、ミネくんはそこに親近感を感じたわけじゃないでしょう?

峯崎　うん、友だちいないからいいぞ!ということではない(笑)。なんですかね、同じようなことを考えてたんだな、と思ったんです。音楽とかカルチャーにものすごくのめり込んじゃった気持ちがよくわかるっていうのかな。普通にそういうのが好きな人と、明らかに違うレベルでの好き具合っていうか。信者じゃないけども、正能くんにとってそれが本当に必要だったんだな、という。

おかえり

——でもそういうことなら、自分の好きな世界を突き詰められればいいのであって、友だちはとくには必要なかったのかもしれませんね。

正能　そうですね。結果、友だちがいなかったっていうことであって。

——だけど、造形大に入ってからは友だちができたんでしょう？

正能　いやあ、ガラッと変わりましたね。好きなものが共通してる人が、まわりにぐんと増えました。

——楽しくなった？

正能　楽しかった部分もあるし、そんなに変わらない部分もありました。人との距離感があんまり縮まらないタイプなんで（笑）、3人が何十人に増えても、各々との距離感はあんまり変わらない。

——へえ。正能くんって私にとってけっこう謎だったけど、なんだかちょっとだけわかってきた気がします。

峯崎　正能くんに関しては、いまだに謎だらけですよ。

——ミネくんでさえ？　でも正能くんがいちばん心を許してるのは、ミネくんですよね。

正能　そうですね。

峯崎　なにせ家族より一緒にいる時間が長いですからね。でも、謎なところはいっぱいある。

——もしかしたら正能くんって、そうとう変わってるのかも。

正能　自分も、ミネちゃんは本当に変わってるなって心の底から思ってる（笑）。一緒にいておもしろいですよ。その日ごとで全然変わるので、毎日違うテンションでい

られるのが楽しいんです。

——感情の浮き沈みがあるということ？

正能　それもありますし、え？っていうことを突然する。たとえば、夕陽がきれいだからっていきなり誘われて、ふたりで見にいったりとか。

——仲いいな（笑）。

峯崎　近所の高層ビルの上階から見る夕陽が、ほんとにいいんですよ～（笑）。

——だけどさっきの、人との距離感が縮まらないってことでいうと、ミネくんは、正能くんのなかにずいぶん大胆に入り込んでくる人なんだね。

正能　ズイッと入ってきたり、サッといなくなったり（笑）。その感覚がおもしろい。

峯崎　なんか、モジモジしてきた（笑）。いままで一度もこんな話をしたことないから。

――面と向かってお互いのことを言い合うなんて、なかなかしないよね。で、ミネくんのほうは正能くんのことをどう思ってるんですか？

峯崎　人間的にできてる人だから、自分もこんなふうになりたいなって思うことがけっこうあるんです。急にこんなこと言って恥ずかしいんですけど（笑）。正能くんのことをくれぐれも大切にねって何度か人に言われたことがあるんですけど、わかってます！っていう。

――正能くんは、ミネくんが社会生活を営むための〝かすがい〟になってる（笑）？

正能　それはないでしょ。

峯崎　あります、あります。もしひとりになったら、焼け野原にポツンと立って、どうしたらいいかわからない、みたいな心境になるんじゃないかな。

——一方、正能くんは、まったくひとりでやっていた経験がないから、そういう感覚はあんまり想像できない？

正能　そうなんです。

——いざひとりでやってみたら、めちゃくちゃ快適だったりして（笑）。

峯崎　なんだか軽いぞー？って肩ブンブンまわしちゃって（笑）。それ、辛いなあ。

——まあ、でもべつに一緒に〝いてやってる〟わけじゃないもんね。大丈夫、いま言葉にしたことで、きっと絆が深まる（笑）。とにかく、いまだにお互いがお互いを興味深い存在だと思ってるのはまちがいなさそうですね。

初めて立ち止まる

——以前インタビューしたときも掘り下げましたけど（『雑誌のデザイン』誠文堂新光社刊）、(STUDIO)がユニークなのは、ふたりの役割が明確に分かれていないこと。片方がアートディレクターで片方がアシスタント、というようなことでは全然なくて、時と場合によって変幻自在に体制が変わりますよね。しかも、それについて話し合ったことは一度もないという。

峯崎　そうですね。分担については相談したことはないんですけど。じつはいま、けっこう変化があってですね。

正能　うん。ふたりでちょいちょい、話しましたね。

——というと？

峯崎　フリーランスになってからこっち、仕事が途切れたことがなかったんです。大きい山が終わるとちょうど次の案件が入ってくるという具合に、ありがたいことにすごくスムーズで。ところがこの春くらいに初めて、その流れが急に止まってしまって、ぽっかり時間が空いてしまったんです。

それで、原点回帰じゃないですけど、ちょっと立ち止まって自分らのやっていることをもう一度見つめ直す機会ができたんですね。

——どんなことを考えましたか？

峯崎　当たり前のことなんですけど、仕事があるってことがすごくありがたいことだっていうのから始まって、もっとやれる、もっとできるんじゃないかって。取り組み方っていうんですかね、結果の出し方に、これまでちょっと隙があったんじゃないのかな、と。

——それで、解決策は見つかったんですか？

峯崎　いままでと大きくは変わらないんですけど。

正能　より深く、ということでしょうか。これまではつねに次、次、次、という忙しさで振り返ることがなかったんですが、初心に戻る重要性をすごい感じました。

峯崎　デザイナーの役割みたいなことを引いて考えたときに、自分らのデザインが、あくまでも全体あっての1ピースであるってこと。たとえば好みの問題はちょっと置いておいて、より大きい結果が出せるほうを優先して吟味したほうがいいな、とか。これまではAのデザインのほうがかっこいいと思ったら、絶対Aのほうがいいですって主張してた。だけど、もしかしたらBのほうが、より多くの手にとられやすいかもしれない。要するに、マニアックじゃなくてメジャー感というんでしょうか。

——それを塩梅するのはまさにデザインの役割ですね。

峯崎　そうですね。だけどこれまでは、Aの考えばっかりで、きちゃってた。部屋に置いてあるんだったら絶対こっちのほうがかっこいいんだから、みたいな思考を、ちょっと考え直したというか。

——俯瞰して見るようになったんですね。それは、デザインを妥協するということでは全然ない。

神は細部に宿る

——この本のデザインは、ぜひミネくんと正能くんにお願いしたいと思ったんですね。で、企画の内容は説明しましたけど、あとは基本、お任せしました。それは、このふたりにデザインしてほしいと思った時点で、このふたりにしかできないデザインの方向性がぼんやりとでも生まれるからで、あとは事細かに相談しなくてもいいものができる確信があったからです。

だから、いったら曖昧な私のオーダーを、どう受け取って、デザインに落とし込んだのか。そのあたりを訊いてみたいんです。たとえば、表紙のイメージにカモメを使ったのはなぜですか？

峯崎　タイトルの「わたしをひらく」という言葉に、すごくのびのび自由に動いている、という印象をもちました。ちょうどそのときに実際にカモメが飛んでいるのを見て、イメージが重なったんですよね。カモメたちは、よーし、飛ぶぞ！というよりかは、もっと自然に、気持ちよさそうにゆらゆらと風に乗ってるように見える。それが、今回のコンセプトに合ってるんじゃないかなって思って。

——カモメのイメージが上がってきたのは取材を始める前でしたけど、こうやって記事が出揃ってから見るとますます、内容とぴったり合ってる感じがします。

体裁についてはどうですか。私の好きな紙の雰囲気を伝えたら「洗いざらしのTシャツみたいな感じ」って、デザインしてくれて。で、驚いたのは、束見本（本番と同じ紙を使ったサンプルの本）ができてきたときに、遠目にパッと見た瞬間にふたり同時に「ああ、すごくいいですね！」と言ったこと。私だったら、手にとって、パラパラめくって、においをかいで、そこでやっといいかどうかがわかるんですけども。

峯崎　立体物としての本の厚さとサイズのバランスで、ちょうど気持ちいいところっていうのがあるんですよね。そこは完全に好みではあるんですけど。

――これまでにきっと膨大な数のものを見てきて、感覚が鍛えられているのかな。

峯崎　だけど、触る前にいいと思わないことには、本屋で手にとってもらえないから。

――たしかに。

峯崎　あ、いいなと思って、手にしてみたらもっとよくて、読んでみたらさらにいいっていうのがベスト。だから最初のとっかかりは、すごく感覚的だけど大事ですよね。たとえばこの表紙のタイトル文字ですけど、じつはこれ、フォントの角を全部削って、活版文字っぽく見えるようにしているんです。

――なんと！　じつに《STUDIO》っぽい技ですね。そういう配慮ひとつひとつが全体の仕上がりに影響するんですよね。言われなきゃわからないようなことでも、比べてみたら明らかに違う。

峯崎　アナログの時代だったらわざわざこういうことをする必要はなかったのかもしれません。いまはDTPで、なんでもちょっとカチッとしすぎちゃうというか、事務的になっちゃう。だから、印象を少しやわらかくするためにひと工夫するっていう。

――《STUDIO》のデザインに、温度感や手触り感といった人間っぽさを感じるのは、そういうところに秘密があるんでしょうね。

マイクにエフェクターはいらない

――仕事のモチベーションはどこにありますか？

峯崎　やっぱり発注してきてくれた人が喜んでくれたときですかね。こういう感じにしたいっていうクライアントのホワーンとしたイメージをじっと見つめて、それを具体的な形に変換するのが自分らの仕事だと思っているので、それがうまくいったときがものすごく嬉しいです。だから、打ち合わせを重ねながらかたちづくっていって最終的に完成したときに、まるではじめからあったみたいな、最初からこうだったみたいな存在感になってたら、ああ、よかったー！と。

正能　うん。翻訳のような感じですかね。スッとハマッて、素直に伝わるものができるのがいちばん気持ちいいし、嬉しい。

峯崎　自分ら発信でつくるわけじゃないですから。本だったら、書き手と読者が直接つながることができればOK。書き手の声がなるべくいろんな人に届くようなマイクになれればよくて、そこによけいなエフェクターはいらないんですよね。

——私にとっての仕事もまったくそう。自分自身のなかには表現したいことはべつにないんですけど、誰かの発言をわかりやすく伝えるという翻訳的な感覚はたしかにあります。

それで、社会的に誰かの役に立つことが自分の喜びっていう意識は正直いってあんまりないんですけど、実際はそうなったときに嬉しいんですよね。もちろん制作過程の作業もおもしろいんだけど、それをした結果、楽しんでくれる人がいることにいちばん喜びを感じてしまうというか。

峯崎　そうですね。で、自分の場合は、いろんな紙の種類とか印刷の方法とか、なるべくいろいろなマイクを用意しておいて、最適なものをいつでもハイッて差し出せるようにしておきたい。

——マイクの種類が増えたら増えたで、それがばらばらに散らばってるわけじゃなくて、むしろ、つながったり、まとまったりするような感じがしない？

峯崎　シンプルになっていくというか、よけいなものがなくなってくみたいなことなのかもしれない。

——本質的になっていく、ということなのかも。自分の知識と経験が充実していくのに比例して、それらが広ると同時に有機的につながってくるっていうのは、仕事のおもしろいところです。人間関係もそうだけど。

峯崎　自分ができることで、社会とつながることができるんですよね。たとえば自分は人としゃべるのは得意じゃないけど、デザインに関してだったら、誰とでも対等にやりとりできるのがやりがいっていうか。それで喜んでもらえるってことがあると、ますますそう思っちゃいますよね。いま話してて思いましたけど、子どものときに誰かとつながりたいと思ってたのって、もしかしてこういうことだったのかも。

——人と何かを共感できるって、単純に楽しいもんね。それがデザインだったりインタビューだったり、それぞれ得意なツールでコミットし合う。そこが仕事の、人間関係の核心なのかな。だって、それがなかったら、それこそ山奥にこもって仙人になるしかない。

峯崎　そういうのにもまた憧れますけどね。でもそれって、傍観者というか、世間と関わっていないからな。自分、デザイン事務所を辞めて間もないころにロサンゼルスにしばらく住んでいたんですけど、帰ろうと思ったいちばんの理由はそこで。向こうではずっと絵を描いてて、それを人に見せたりはしてたけど、結局それでは社会と何も関わってないというか。成功でも失敗でもいいから、自分の行為に対するダイレクトなリアクションが欲しかったんですよね。

――たしかにそうですよね。私も文章を書くのは好きだけど、それがもし誰にも読んでもらえないとしたら、書き続けられるかどうかわからない。

峯崎　暗闇に向かってただボールを投げてるように、ど

BLACK
FLAG
THE PROCESS
OF WEEDING

こかに届いてるんだか届いてないんだかわからなくて、不安になってくる気がします。
でもまさにこの本のタイトルみたいに、仕事することで自分がちょっとずつ〝ひらいて〟いってる感じはあるんです。1回立ち止まって考えたことで、視点が引けて、もうちょい広くて遠いところまで見えるようになったっていう出来事もちょうどあったし。そういうのを毎年少しずつ、積み重ねていって、ひらいていくような。

――……ということですけど、正能くんもそんな感じ、ありますか？

正能　（こっくりとうなずく）

――それ、紙面では伝わりませんよ(笑)。

正能　「正能、うなずく」って、ト書きみたいに書いてください。級数は小さくしときますから(笑)。

峯崎ノリテルさんと正能幸介さんの“仕事の相棒”

お互い

「ラリーとか、ドライバーとコ・ドライバー（ナビ）で組んで挑むレースがあるじゃないですか。役割はそれぞれ担ってるけど、責任は一緒っていう。自分らの関係はそれに近いかもしれません。作業してると、ものすごいスピード感になってくるときがあるんですよ。べつにしゃべったりしないし、はたから見てもわからないと思うけど、すごい緊張感で、すごい速度で並走してる。脳みそがビュンビュンいってるのがわかるんです。それが、一緒にやってる醍醐味ですね」

おわりに

私は日頃、とくに人の役に立ちたいと考えて仕事しているわけではありません。取材したり、原稿を書いたり、編集したりする作業が好きだから、この仕事をしているんだと自覚しています。でも、だんだん感じるようになってきているのは、仕事の本質というのはつまるところ、「お客さまの笑顔がいちばんです」みたいなことに集約されるんじゃないかということ。記事なり本なりができて、それを楽しんでくれている人がいると知ったときに、最も喜びを感じるからです。だけどそれは当然かもしれない。だって、自分のなかだけで完結しているのだとしたら、それは仕事とはいえないと思うから。どんな仕事も、他の誰かがいるから成り立っている。そして、それをみんなで交換し合っている。

快くインタビューを引き受けてくれた15組のみなさん。1日ぶっとおしでしゃべり続けたり（間に食事を2回挟んだ）、おいしいごはんをふるまってくれたり、酔わないとうまく話せないから居酒屋に集合したり、地元のいいところをあちこち案内してくれたり、仲間を呼んでバーベキューをやってくれたり、家に泊まらせてくれたり、はたまた、お好み焼きを焼きながら人生初の取材を受けてくれたけったいな人もいました。それぞれのユニークさが私の興味を引きつけてやまない、魅力的な人たち。

一も二もなくデザイン（とインタビューも！）を引き受けてくれた((STUDIO))の峯崎ノリテルさんと正能幸介さん、印刷の一切をお任せした太陽印刷工業の若月克也さん。この本を理想的なかたちにするために絶対に巻き込みたかった、仲間のような方々です。

はじめに相談にのってくれ、この企画が動き出すきっかけをつくってくれた村上妃佐子さん。本に先立つウェブサイトの連載で、原稿を深く読み込み、的確なレイアウトをほどこしてくれた小島奈菜子さん。そして、適度な放任主義でおだやかに見守りつつ、必要なときには必ず手を差し伸べてくれた信頼の編集担当、浅井文子さん。お三方の在籍する大好きなアノニマ・スタジオから本が出せるなんて、夢のようです。

驚くことに、この本に関わってくれた全員が、私が希望した方ばかり。こんな奇跡みたいなことが現実になるなんて、仕事って、なんて楽しいんだろう。

幾多の本を見るにつけ、あとがきって謝辞を述べるのがパターンになってるなあ、とこれまで漠然と思っていましたが、いざ自分がその立場になると、感謝の念がごく自然に湧き上がってきます。なるほど、こういうことだったのか。この本を気にかけてくださったすべての方に、多大なる感謝を。

野村美丘

野村美丘（のむら・みっく）

1974年、東京都出身。明星学園高校、東京造形大学卒業。『スタジオ・ボイス』『流行通信』の広告営業、デザイン関連会社で書籍の編集を経て、現在はフリーランスのインタビュー、執筆、編集業。文化、意匠、食、旅、犬猫、心と体、ルーツなど、自分の生活と興味の延長上をフィールドに公私混同で活動中。自身が著者となるのは本書が初。

藤田二朗（ふじた・じろう）

1974年、東京都出身。明星学園高校、東京造形大学卒業。就職せずにバイトしながらカメラマンを目指す。現在はフリーランスの商業カメラマンにして、自身のスタジオ兼写真館「photopicnic」の館長。タレントのグラビアから一般の方の家族写真まで、その人らしさを引き出したポートレイトを撮るのが得意。本書は妻との共著。

www.photopicnic.pics

わたしをひらくしごと

2018年12月7日　初版第1刷　発行

著者　野村美丘
　　　藤田二朗

発行人　前田哲次

編集人　谷口博文

アノニマ・スタジオ
〒111-0051
東京都台東区蔵前2-14-14 2F
TEL. 03-6699-1064
FAX 03-6699-1070

発行　KTC中央出版
〒111-0051
東京都台東区蔵前2-14-14 2F

印刷・製本
太陽印刷工業株式会社

ISBN 978-4-87758-790-1 C0095

アノニマ・スタジオは、
風や光のささやきに耳をすまし、
暮らしの中の小さな発見を大切にひろい集め、
日々ささやかなよろこびを見つける人と一緒に
本を作ってゆくスタジオです。
遠くに住む友人から届いた手紙のように、
何度も手にとって読みかえしたくなる本、
その本があるだけで、
自分の部屋があたたかく輝いて思えるような本を。